KB260201

임동석중국사상100

손 자

孫 子

孫武 撰 / 林東錫 譯註

손자(孫子;孫武)

"상아, 물소 뿔, 진주, 옥. 진괴한 이런 물건들은 사람의 이목은 즐겁게 하지만 쓰임에는 적절하지 않다. 그런가 하면 금석이나 초목, 실, 삼베, 오곡, 육재는 쓰임에는 적절하나 이를 사용하면 닳아지고 취하면 고갈된다. 그렇다면 사람의 이목을 즐겁게 하면서 이를 사용하기에도 적절하며, 써도 닳지 아니하고 취하여도 고갈되지 않고, 똑똑한 자나 불초한 자라도 그를 통해 얻는 바가 각기 그 자신의 재능에 따라주고, 어진 사람이나 지혜로운 사람이나 그를 통해 보는 바가 각기 그 자신의 분수에 따라주되 무엇이든지 구하여 얻지 못할 것이 없는 것은 오직 책뿐이로다!"

《소동파전집》(34) 〈이씨산방장서기〉에서 구당(丘堂) 여원구(呂元九) 선생의 글씨

책머리에

우리는 누구나 "지피지기知彼知己면 백전백승百戰百勝"이라는 명언을 알고 있으며, 이를 병법에서뿐 아니라 일상을 살아가는 처세술로도 널리 활용하며 인용하고 있다. 그러나 원본에는 "지피지기知彼知己, 백전불태百戰不殆"로 되어 있으며, 첫 장부터 넘기면 세상에 그리 널리 알려지고 유행한 소설류《손자병법》에 비해 이름만큼 흥미롭고 다양한 내용이 아니라는 것을 즉시 알아차릴 수 있다.

전쟁과 전투라는 것이 어찌 흥미로운 일이겠으며, 한가하게 여유를 따질 유흥과 같은 일이겠는가? 게다가 소설이 아닌 한 무용담을 병법서라 하겠는가?

워낙 세상 삶이 전쟁터와 같아 손자병법이라는 이름 자체가 주는 유혹 때문에 우리나라나 일본에서는 이처럼 그 명칭만 내세운 소설이 대유행을 한 적이 있었으나, 실제로《손자》라는 책은 무척 어렵고 건조하며 내용이 난해하다.

내가 이 책에 관심을 갖게 된 것은 세상에 그토록 떠들썩한 손자의 원본은 과연 어떤 내용이 들어 있을까 하는 의문에서 시작되었다. 특히 '무경칠서武經七書'라 하여《손자孫子》·《오자吳子》·《사마법司馬法》·《울료자尉繚子》·《육도六韜》·《삼략三略》·《이위공문대李衛公問對》 등이 송대宋代에 중시되어 황제(仁宗, 神宗)조차 그토록 관심을 가진 책이 원본의 대조나 연구·주석·해석도 없이 횡행하는데 대한 의아함을 떨칠 수 없었기 때문이었다.

우선《사기》의 손자열전에는 손무孫武와 손빈孫臏이 같은 전에 실려 있으며, 손무의《손자병법孫子兵法(吳孫子兵法)》과 손빈의《제손자齊孫子(孫臏兵法)》가 전해지고 있다.

물론 손빈이 손무의 후대(후손)이기는 하지만 그들 병법의 발전은 중국 고대 군사학의 기초를 이루었고, 오기吳起와 더불어 '손오병법孫吳兵法'이라 병칭되어 이미 수천 년을 두고 동양 병가의 경학으로 널리 연구되어 온 사실을 알게 되었다.

그러나 문장은 순통하지 못하였고, 내용은 흥미 위주가 아니라 포괄적이며 추상적이었다. 게다가 군사학에 천학한 필자로서는 전략·전술의 어느 개념인지조차 알 수 없는 부분이 상당수였으며, 장구章句의 구분도 실제 매우 난감하였다.

따라서 이 책은 문자적 해석에 불과하며 그 깊은 함의를 낱낱이 시원하게 풀어 낼 수는 없었음을 솔직한 심정으로 토로할 수밖에 없다.

아무쪼록 이 방면의 연구에 깊은 식견을 가진 독자들이 살펴 읽어 주기를 바라며, 아울러 미진한 부분은 언제라도 질정과 편달을 내려주기 바랄 뿐이다.

임동석林東錫 부곽재負郭齋에서 적음.

일러두기

1. 이 책은 〈신편제자집성본新編諸子集成本〉(孫星衍 校) 및 〈사고전서본四庫全書本〉, 〈중국전통병법대전中國傳統兵法大全〉 등의 《손자孫子》를 상호 참조, 대교對校하여 전체를 완역한 것이다.
2. 원문에 현대식 표점을 가하고 원문에 따라 축자축구逐字逐句식으로 번역하였으며, 직역을 위주로 하였으나 일부 알기 쉽게 풀어 쓴 것도 있다.
3. 전체 6편을 현대 백화어 번역본의 분장을 참고하되 일부 역자의 편의에 따라 39장으로 나누어 일련 번호와 편장 번호를 부여하였다.
4. 각 장의 제목은 역자가 전체 주제에 맞추어 임의로 제시한 것이다.
5. 현대 백화어 번역본으로 臺灣 三民書局本과 商務印書局本, 그리고 貴州人民出版社本도 일일이 대조하였으며, 번역에 많은 도움이 되었음을 밝힌다.
6. 부록으로 《사기史記》 손자열전孫子列傳(孫武, 孫臏)과 《한서漢書》 예문지藝文志 《오손자吳孫子》, 그리고 〈손자서孫子序〉 위무제책魏武帝策(曹操), 〈손자병법서孫子兵法序〉(孫星衍), 《손자서록孫子敍錄》(淸, 畢以珣), 은작산銀雀山 출토의 한간漢簡 《손자병법孫子兵法》의 고석문考釋文과 일문逸文을 실어 연구에 도움이 되도록 하였다.
7. 본서의 역주에 참고한 문헌 중 중요한 것은 다음과 같다.

※ 참고문헌

① 《孫子校正》(白文13권, 十家注13권, 傳1권, 敍錄1권, 遺說1권, 考1권)
   魏 曹操(等注), 宋 鄭友賢(輯遺說), 淸 孫星衍(校), 楊家駱(考) 新編諸子集成,
   世界書局, 1978. 臺北.

② 《孫子》 中國傳統兵法大全, 啓南(主編), 三環出版社, 1992. 湖南 長沙.

③ 《孫子》 四庫全書 子部 兵家類, 文淵閣本, 印本, 臺灣商務印書館, 臺北.

④ 《孫子今註今譯》 魏汝霖(註譯), 臺灣商務印書館, 1981. 臺北.

⑤ 《新譯孫子讀本》 吳仁傑(注譯), 三民書局, 2004. 臺北.

⑥ 《孫子全譯》 周亨祥(注譯), 貴州人民出版社, 1992. 貴陽 貴州.

⑦ 《孫子》 百子全書, 岳麓書社, 1993. 湖南 長沙.

⑧ 曹操 等 注, 《孫子十家注》(上海書店, 諸子集成本).

⑨ 《孫子》 漢籍國字解全書, 早稻田大學出版部, 1910. 日本 東京.

⑩ 《孫子》 漢文大系.

⑪ 《武經總要》 宋, 曾公亮·丁度(敕撰), 四庫全書 子部 兵家類.

⑫ 《三才圖會》 明, 王圻·王思義(編集), 上海古籍出版社, 印本, 2005. 上海.

⑬ 司馬遷 《史記》·劉向 《戰國策》·《荀子》·《韓非子》·《尉繚子》·《呂氏春秋》·
   《淮南子》·《說苑》·《新序》·《韓詩外傳》·賈誼 《新書》·《太平御覽》·《資治
   通鑑》·《十八史略》·《吳子》·《李衛公問對》·《六韜》·《三略》·《司馬法》
   등 기타 공구서는 생략함.

해 제

1. 중국 역대 병법서

이미 《漢書》藝文志에는 七略 중에 〈兵書略〉을 따로 설정하고 다시 「權謀」·「形勢」·「陰陽」·「技巧」로 분류하고 있다.

즉, 그 중 권모류는 "權謀者, 以正守國, 以奇用兵, 先計而後戰, 兼形勢, 包陰陽, 用技巧也"라 하여 전술 전략의 총괄이며 형세와 음양·기교를 모두 포함하는 말이다. 이에 해당하는 것으로 《吳孫子兵法》·《齊孫子》·《公孫鞅》·《吳起》·《范蠡》·《大夫種》·《季(李)子》·《婕》·《兵春秋》·《龐煖》·《兒良》·《廣武君》·《韓信》 등 13家의 목록을 싣고 있다.

다음으로 형세류는 "形勢者, 雷動風擧, 後發而先至, 離合背鄕, 變化無常, 以輕疾制敵者也"라 하여 실제 전투에서 자연의 지형지물을 최대한 이용하고 고향을 등져 사기를 높이며 모든 변화를 총 동원하여 빠른 속도로 적을 제압하는 전투력에 대한 병법들이다. 이에 해당하는 것으로 《楚兵法》·《蚩尤》·《孫軫》·《繇敍》·《王孫》·《尉繚》·《魏公子》·《景子》·《李良》·《丁子》·《項王》 등 11가를 들고 있다.

그리고 음양류란 "陰陽者, 順時而發, 推刑德, 隨斗擊, 因五勝, 假鬼神而爲助者也"라 하여 하늘의 음양오행의 이치를 따라 점을 치고, 상황을 판별하며, 귀신의 힘을 빌려 전투를 치르는 방법을 논한 책들임을 알 수 있다. 이에 해당하는 것으로는 《太一兵法》·《天一兵法》·《神農兵法》·《黃帝》·《封胡》·《風后》·《力牧》·《鵊冶子》·《鬼谷區》·《地典》·《孟子》·《東父》·《師曠》·《萇弘》·《別成子望軍氣》·《辟兵威勝方》 등 16가를 저록하고 있다.

끝으로 기교류는 "技巧者, 習手足, 便器械, 積機關, 以立攻守之勝者也"라 하여 군사 훈령과 개인의 연습, 그리고 무기의 개발을 통하여 공격과 수비를 능히 수행할 수 있도록 하는 일종의 무예이며 무기 개선에 대한 것들이다. 이에 해당하는 것으로 《鮑子兵法》·《五(伍)子胥》·《公勝子》·《苗子》·《逢門

射法》·《陰通成射法》·《李將軍射法》·《魏氏射法》·《彊弩將軍王圍射法》·《護軍
射師王賀射書》·《蒲苴子弋法》·《劍道》·《手搏》·《雜家兵法》·《蹴鞠》 등 13가를
싣고 있다.

그리하여 총 53家 790篇《圖》43권임을 밝히고 이렇게 결론을 내리고 있다.

"兵家者, 蓋出古司馬之職, 王官之武備也. 洪範八政, 八曰師. 孔子曰爲國者
「足食足兵」, 「以不敎民戰, 是謂棄之」, 明兵之重也. 易曰「古者弦木爲弧, 剡木爲矢,
弧矢之利, 以威天下」, 其用上矣. 後世耀金爲刃, 割革爲甲, 器械甚備. 下及湯武受命,
以師克亂而濟百姓, 動之以仁義, 行之以禮讓, 司馬法是其遺事也. 自春秋至於戰國,
奇出設伏, 變詐之兵並作. 漢興, 張良·韓信序次兵法, 凡百八十二家, 刪取要用,
定著三十五家. 諸呂用事而盜取之. 武帝時, 軍政楊僕捃摭遺逸, 紀奏兵錄, 猶未能備,
至于孝成, 命任宏論次兵書爲四種."

한편 淸代 완성된〈四庫全書〉에는 子部 儒家類 다음에 바로 兵家類를 순서로
하여《握奇經》·《六韜》·《孫子》·《吳子》·《司馬法》·《尉繚子》·《黃石公三略》·
《三略直解》·《黃石公素書》·《李衛公問對》·《太白陰經》·《武經總要前集·後集》·
《虎鈐經》·《何博士備論》·《守城錄》·《武編前集·後集》·《陣紀》·《江南經略》·
《練兵實紀·雜集》·《紀效新書》 등을 싣고 있다.

이처럼 중국 고대에는 병법서를 상당히 중시하였으며, 국방과 전략 수립을
위해 언필칭 병서를 인용하고 활용하였다.

한편 역대 병서에 대한 발전 상황을 보자.

宋나라 仁宗(1023~1063 재위)은 거란(遼)에게 시달리면서 군사학, 용병학에 대하여
매우 관심이 깊었다. 이에 武學을 설립하고 과거에 武科를 신설하였다. 뒤에
神宗(1068~1085 재위)은 정식으로 '武擧試法'을 제정하고 무과에 응시하는 자는
세 가지 병서를 기본 과목으로 하였으며, 元豐 2년(1080)에는 당시 최고학부였던
國子監에 조서를 내려 그들로 하여금 7종의 병서에 대하여 교정을 하도록 명하였다.

3년 후 이 책의 교정을 끝냈으니 이것이 바로 천하에 널리 알려진 '무경칠서武經七書'이다. 즉 《孫子》·《吳子》·《司馬法》·《尉繚子》·《六韜》·《三略》·《李衛公問對》의 일곱 책이다. 이는 뒤에 역대 통치자로 하여금 무학을 세워 과거를 실시하며 국방과 전략·전술을 중시하는 정책을 펴도록 하였고, 나아가 이를 바탕으로 이들 병법서에 대한 많은 주석과 교정, 연구의 작업들이 쏟아지게 하는 계기가 되었다.

2. 《손자》

《손자》는 달리 《吳孫子兵法》·《孫子兵法》 등으로도 불린다. 《漢書》藝文志에는 兵書略 權謀類에 '《吳孫子兵法》八十二篇.《圖》九卷'이라 하고 顔師古의 주에 "孫武也, 臣於闔廬"라 하였다. 이처럼 《손자》 '吳'자가 더 붙은 것은 그가 齊나라 출신이지만, 오나라 합려에게 가서 병법으로 장군 벼슬을 얻어 활약했기 때문이다. 이와 구분되는 같은 병법가로 이름을 날린 孫臏의 저술은 같은 곳에 '齊孫子 八十九篇. 圖四卷'이라 하고 안사고 주에 '孫臏'이라 하여 구분하고 있다. 그리고 그 이전의 司馬遷 《史記》에는 孫武·孫臏·吳起를 함께 묶어 〈孫子吳起列傳〉으로 기술하였다.

손자는 중국 병법서 중에 가장 널리 알려진 책으로 '武經七書'의 첫번째 병서이며 세계적으로도 '兵法의 鼻祖'로 불리고 있다.

모두 13편으로 되어 있으며 이는 《사기》의 "闔廬曰:「子之十三篇, 吾盡觀之矣, 可以小試勒兵乎?」"과 편수가 같다. 모두 5,900여 자, 혹은 6,109자 등으로 그 글자 수는 약간씩 계산이 다르며, 특히 편수는 《한서》에서 말한 82편과 커다란 차이를 보이고 있다.

　　손무는 원래 춘추 말기 제나라 사람으로 생졸 연대는 알 수 없다. 그는 B.C. 512년(오나라 합려 3년, 齊나라 景公 36년, 楚나라 昭王 4년, 秦나라 哀公 15년) 쯤에 오나라 伍子胥의 추천으로 오왕 합려를 만나 자신의 군사 훈련 능력을 시험받았다. 특히 그가 오나라 부인 부대를 훈련시키면서 있었던 고사는 《사기》에 아주 흥미롭게 기록되어 있다.(부록 참조)

　　한편 이 손자는 역대 이래로 많은 전적에 그를 인용하였고 또한 그의 능력을 십분 칭찬하고 있다. 이를테면 《尉繚子》制談에 "有提三萬之衆而天下莫當者誰? 曰孫子也"라 하였고, 《韓非子》五蠹篇에는 "境內皆言兵, 藏孫吳之書者, 家有之"라 하였으며 그 외에 《荀子》·《呂氏春秋》 등과 漢代 많은 기록에 그의 일화와 병법에 대하여 기술하고 있다.

　　이 《손자》에 대한 저록과 연구는 동한 때 유향劉向의 〈敍錄〉을 거쳐 예문지에 목록이 저록된 뒤 한말 曹操가 13편을 근거로 《孫子略解》를 지으면서 본격적으로 퍼지기 시작하였다. 조조는 〈自序〉에서 "吾觀兵書戰策多矣, 孫武所著深矣"라 하였으며 이는 유향과 임굉任宏이 정리한 13편일 것으로 보고 있다. 그러나 銀雀山에서 발굴된 손자의 일문으로 보아 이 때 이미 손자는 상당량 逸失되어 원래의 82편이 아니었을 것으로 여기고 있다.(참고란 한간 손자를 볼 것)

　　당송시대에 들어오면서 조조의 주는 널리 퍼지지 못하고 당시까지의 여러 주를 모은 《十一家注孫子》가 출현하였다. 그리고 '武經七書'에 이르러 이 손자는 최고의 병서로 첫머리에 그 이름이 오르게 된 것이다. 그리고 光宗 연간에 《魏武帝注孫子》를 출간하였으며, 淸代 孫星衍이 이를 〈平津館叢書〉의 《孫吳司馬法》에 함께 묶어 싣고 있다. 그리고 《손자》는 滿洲文字·西夏文字 등으로도 서사書寫되었으며, 8세기쯤에 일본으로 전수되었고, 15세기에는 조선으로도 들어온 것으로 알려져 있다.

근래에 이르러 《銀雀山漢墓竹簡(壹) 孫子兵法》(1985, 文物出版社), 宋刊 《十一家注孫子》(1961, 中華書局, 上海), 宋刊 《武經七書, 孫子》(1935, 上海 商務印書館), 明 嘉靖談愷刻 《孫子集註》(1919, 上海 商務印書館), 明 劉寅 《武經七書直解, 孫子》(1933, 南京 國學圖書館 影印 萬曆本), 淸 孫星衍校 《孫吳司馬法, 魏武帝注孫子》(平津館叢書 影印本) 등이 출간되어 연구가 활발하게 이루어지고 있다.

손무孫武에 대한 기록은 부록을 실은 《사기》 孫子列傳의 孫武 부분을 참고하기 바라며, 끝으로 현재 시중에 나와 있는 《손자병법》 중의 소설류와는 전혀 다른 책임을 밝힌다.

3. 銀雀山 출토 漢簡 《孫子》

1972년 4월 山東省 臨沂縣 銀雀山의 漢 武帝 建元 원년(B.C.140)부터 元狩 5년(B.C.118) 사이에 조성된 漢墓에서 《孫武兵法》과 《孫臏兵法》 등 일부 죽간이 발견되었다. 이에 중국 國家文物事業管理局에서는 '銀雀山漢墓竹簡整理小組'를 조직하여 詹立波를 주간으로 하여 《손자병법》과 《손빈병법》을 3년의 정리 끝에 《손자병법》은 上下로 나누어 《文物》 월간 1974년 제12期에 발표하고, 《손빈병법》은 이듬해(1975) 《문물》 제1기에 역시 전문을 발표함과 아울러 《銀雀山漢墓竹簡》이라는 이름으로 北京文物出版社(1985)에서 책으로 간행하였다.

《손자병법》은 모두 200여 개의 죽간으로 殘缺과 磨滅이 심하였으며, 그 외에 逸文 2,300여 자가 있어 지금 전하는 《孫子》(6,109자)의 3분의 1 분량이나 더 있었음을 알게 되었다. 게다가 편명 역시 〈吳問〉, 〈四變〉, 〈黃帝伐赤帝〉, 〈(地)刑二(地形二)〉, 〈見吳兵〉 등 5편이 더 있어 《漢書》 藝文志에서 말한 「《吳孫子兵法》八十二篇. 《圖》九卷」과도 차이가 있다.

　　그리고 손무의 후대인 손빈이 쓴 것으로 알려진 《손빈병법》은 380여 개의 죽간에 30편 1만 3천여 자나 되었다.

　　그런가 하면 근래 西安 민가에서 14만 자의 손자병법이 발견되었다는 보도가 있었다. 그 기사는 다음과 같았다. "지금까지 총 13편, 6,080자만 전해내려오던 2,500년 전의 병서 《손무병법》(속칭 손자병법)의 82편짜리 완질본이 최근 중국의 古都 西安에서 발견되었다고 人民日報가 보도했다. 손무병법은 원래 82편이라는 사실이 《한서》 예문지에 기록돼 있으나 실제로는 13편밖에 없어 그 동안 천고의 수수께끼로 남아 있었다. 이번에 발견된 손무병법은 서안 소재 모 군수업체의 기술자인 張敬軒의 집안에서 전래된 것으로 총 82편, 전문 14만 1천 7백 9자가 竹簡에 고스란히 기록돼 있다고 신문은 전했다. 완질본 손무병법은 기록된 죽간이 너무 오래된 나머지 본문 중 23자가 판독 불가능하지만 13편, 6,080자의 전래 판본에 비해 무려 13만 5천 6백여 자가 더 많이 실려 있다."(北京 愼榮樹 특파원. 보도 연도는 필자의 실수로 알 수 없음)

　　그러나 그 뒤 이에 대한 연구물을 아직 접하지 못하여 필자는 이를 고구하지 못하고 있다.

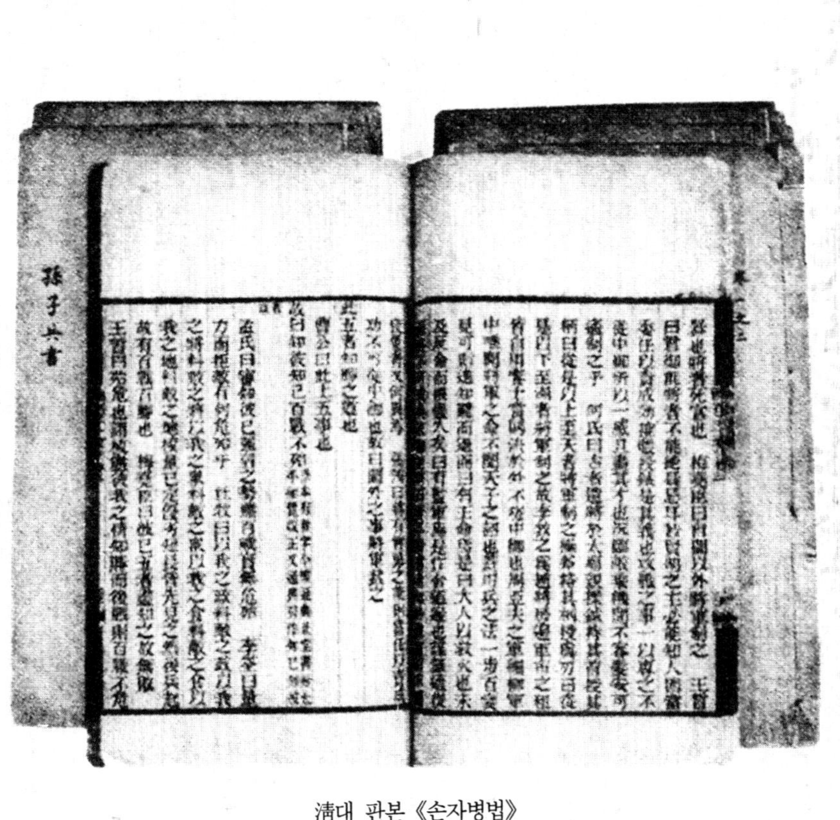

淸대 판본《손자병법》

차 례

9. 항군편行軍篇

10. 지형편地形篇

11. 구지편九地篇

12. 화공편火攻篇

13. 용간편用間篇

부록

손무

손빈(孫臏)

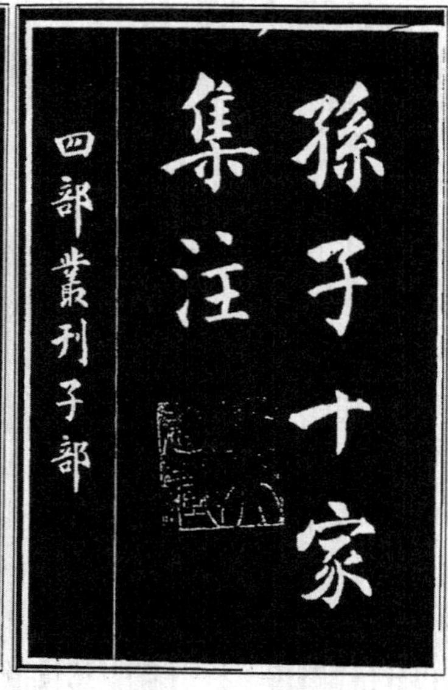

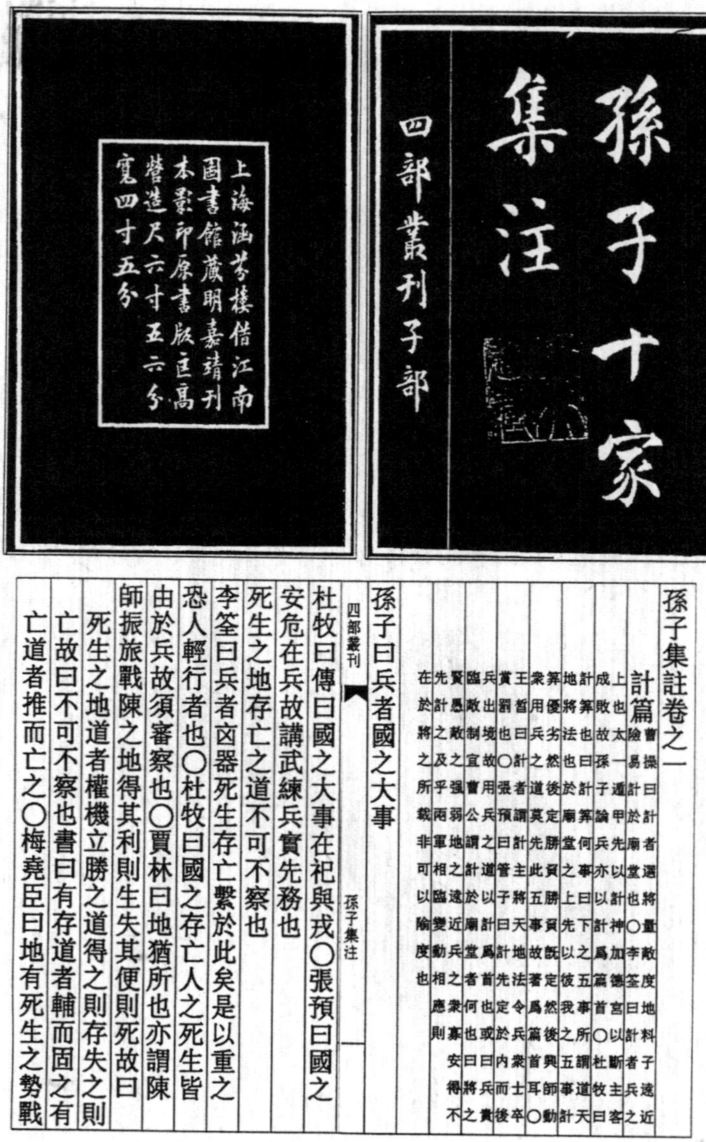

孫子十家集注

四部叢刊子部

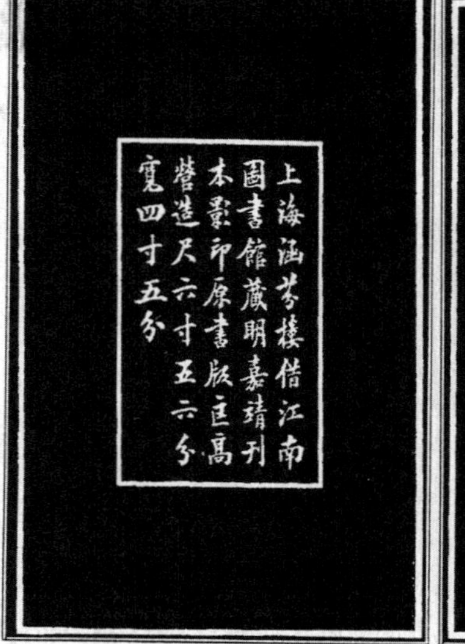

上海涵芬樓借江南
圖書館藏明嘉靖刊
本影印原書版匡高
營造尺六寸五分
寬四寸五分

孫子集註卷之一

計篇 曹操曰計者選將量敵度地料子遠近險易計於廟堂也○李筌曰計者兵之上也太一遁甲先以計神加德宮以斷主客成敗故孫子論兵亦以計為篇首○杜牧曰計算也曰計算何事曰下之五事所謂道天地將法也於廟堂之上先以彼我之五事計算優劣然後定勝負勝負既定然後興師動眾用兵之道莫先此五事故著為篇首耳○王晳曰計者謂計主將天地法令兵眾士卒賞罰也○張預曰管子曰計先定於內而後兵出境故用兵之道以計為首也或曰兵貴臨敵制宜曹公謂計於廟堂者何也曰將之賢愚敵之強弱地之遠近兵之眾寡安得不先計之及乎兩軍相臨變動相應則在於將之所裁非可以險度也

孫子曰兵者國之大事

杜牧曰傳曰國之大事在祀與戎○張預曰國之安危在兵故講武練兵實先務也

死生之地存亡之道不可不察也

李筌曰兵者凶器死生存亡繫於此矣是以重之恐人輕行者也○杜牧曰國之存亡人之死生皆由於兵故須審察也○賈林曰地猶所也亦謂陳師振旅戰陳之地得其利則生失其便則死故曰死生之地道者權機立勝之道得之則存失之則亡故曰不可不察也書曰有存道者輔而固之有亡道者推而亡之○梅堯臣曰地有死生之勢戰

四部叢刊 孫子集注

《孫子十家注》四部叢刊「書同文」電子版

孫子

周　孫武　撰

始計第一

孫子曰兵者國之大事死生之地存亡之道不可不察
也

故經之以五事校之以計而索其情
一曰道二曰天三曰地四曰將五曰法

道者令民與上同意可與之死可與之生而不畏危也
天者陰陽寒暑時制也地者遠近險易廣狹死生也將
者智信仁勇嚴也法者曲制官道主用也凡此五者將
莫不聞知之者勝不知者不勝
故校之以計而索其情曰主孰有道將孰有能天地孰
得法令孰行兵眾孰強士卒孰練賞罰孰明吾以此知
勝負矣
將聽吾計用之必勝留之將不聽吾計用之必敗去之
計利以聽乃為之勢以佐其外勢者因利而制權也兵

者詭道也故能而示之不能用而示之不用近而示之
遠遠而示之近利而誘之亂而取之實而備之強而避
之怒而撓之卑而驕之佚而勞之親而離之攻其無備
出其不意此兵家之勝不可先傳也
夫未戰而廟算勝者得算多也未戰而廟算不勝者得
算少也多算勝少算不勝而況於無算乎吾於此觀之
勝負見矣

作戰第二

孫子曰凡用兵之法馳車千駟革車千乘帶甲十萬千
里饋糧內外之費賓客之用膠漆之材車甲之奉日費
千金然後十萬之師舉矣
其用戰也勝久則鈍兵挫銳攻城則力屈久暴師則國
用不足
夫鈍兵挫銳屈力殫貨則諸侯乘其弊而起雖有智者
不能善其後矣故兵聞拙速未覩巧之久也夫兵久而
國利者未之有也

《孫子》四庫全書(文淵閣) 子部(2) 兵家類. 周, 孫武(撰)

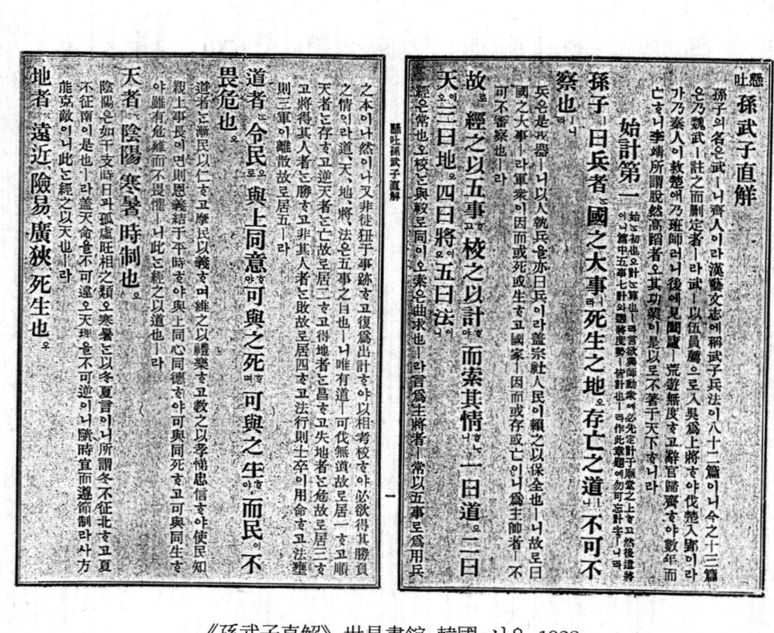

懸吐孫武子直解

吐懸

孫武子直解

孫子의名은武ㅣ니齊人이라漢藝文志에稱武子兵法이八十二篇이니今之十三篇
은乃魏武ㅣ註之而刪定者ㅣ라武ㅣ以伍員脆으로入吳爲上將ㅎ야伐楚入郢이라
가乃秦人이救楚에乃班師러니後에見闔廬ㅣ荒遊無度ㅎ고辭官歸齊ㅎ야數年而
亡ㅎ니李靖所謂脫然高蹈者오其功業이是以로不著于天下ㅎ니라

始計第一

始는初也오計는算也ㅣ라言欲與師動衆에必先定計于廟堂之上ㅎ고然後遣將이니篇中五事七計와體度勢ㅣ皆計也ㅣ라作此章題에勿可忘計라ㅣ니라

孫子ㅣ曰兵者는國之大事라死生之地오存亡之道ㅣ니不可不
察也ㅣ니

兵은是戎器ㅣ니以人殺兵을亦曰兵이라盖崇社人民이賴之以保全也ㅣ니故로曰
國之大事ㅣ라軍衆이因而或死或生ㅎ고國家ㅣ因而或存或亡이니爲主師者ㅣ不
可不審察也ㅣ라

故로經之以五事ㅎ고校之以計ㅎ야而索其情ㅎ나니上一曰道오二曰
天오三曰地오四日將오五日法이니

經은常也오校는與較로同이오索은曲求也ㅣ라言爲主將者ㅣ常以五事로爲用民
之本이나然이나又非徒狃于事跡ㅎ고復爲出計ㅎ야以相考校ㅎ야必欲得其勝負
之情이라道、天、地、將、法은五事之目也ㅣ니唯有道ㅣ可伐無道故로居一ㅎ고順
天者는存ㅎ고逆天者는亡故로居二ㅎ고得地者는昌ㅎ고失地者는危故로居三ㅎ고
고將得其人者는勝ㅎ고非其人者는敗故로居四ㅎ고法行則士卒이用命ㅎ고法壅
則三軍이離散故로居五ㅣ라

道者는令民으로與上同意ㅎ야可與之死ㅎ며可與之生야ㅎ고而民이不
畏危也오

道者는澥民以仁ㅎ고摩民以義ㅎ며維之以體樂ㅎ고教之以孝悌忠信ㅎ야使民知
親上事長ㅎ면則恩義結于平時ㅎ야與上同心同德ㅎ야可與同死ㅎ고可與同生ㅎ
야雖有危難而不畏懼ㅣ니此는經之以道也ㅣ라

天者는陰陽、寒暑、時制也오

陰陽은如干支時日과孤虛旺相之類오寒暑는以冬夏言이니所謂冬不征北ㅎ고夏
不征南이是也ㅣ라盖天命을不可違오天理을不可逆이니隨時宜而遵衛制라사方
能克敵이니此는經之以天也ㅣ라

地者는遠近、險易、廣狹、死生也오

一

《孫武子直解》世昌書館 韓國 서울 1928

宋　曾公亮等　撰

制度一
　選將　　將職
　軍制　　料兵
　選鋒　　選能

選將

傳曰有必勝之將無必勝之民又曰君不擇將以其國與敵也由是言之可不謹諸古者國家雖安必常擇將擇將之道惟審其才之可用也不以遠而遺不以賤而棄不以詐而疎不以罪而廢故管仲射鉤齊桓公任之以霸孟明三敗秦繆公赦之以勝穰苴拔於寒微吳起用於羈旅張儀之遊蕩樂毅之疎賤孫武之瓦合白起之世舊韓信之懦怯黥布之徒隷衛青人奴去病假子諸葛亮不親戎服杜預不便鞍馬謝艾以參軍摧石虎鄧禹以文學扶漢業李靖用於罪累李勣收於降附是豈以形貌閥閱計其間哉而庸人論將常視於勇夫勇者才之偏爾未必無害益勇必輕鬬未見所以必取勝之道也大凡將以五才為體五謹為用所謂五才者一曰智二曰信三曰仁四曰勇五曰嚴非智不可以料敵應機非信不可以訓人率下非仁不可以附眾撫士非勇不可以決謀合戰非嚴不可以服彊齊眾所謂五謹者一曰理二曰備三曰果四曰誠五曰約理者理眾如理寡（一人學戰教成千人旌旗有分金鼓有節故）備者出門如見敵（戰陣住行則整）果者見敵不懷生（傳曰殺敵為果致果為毅）誠者雖克如始戰（宋義謂項梁勝而將驕卒惰者敗）約者法令省而不煩（政煩則人擾水溺則魚病法令滋彰盜賊多有）明君知此十者而猶懼取人之難則必設九驗之言詞以考之為九術之科例以復之所謂九驗者遠使之以觀其忠近使之以觀其恭繁使之以觀其能卒然問焉以觀其智急與之期以觀其信委之以貨財以觀其仁告之以危以觀其節醉之以酒以觀其態雜之

《武經總要》四庫全書(文淵閣)　子部(2)　兵家類. 宋, 曾公亮·丁度(勅撰)

남송 판본 《손자병법》

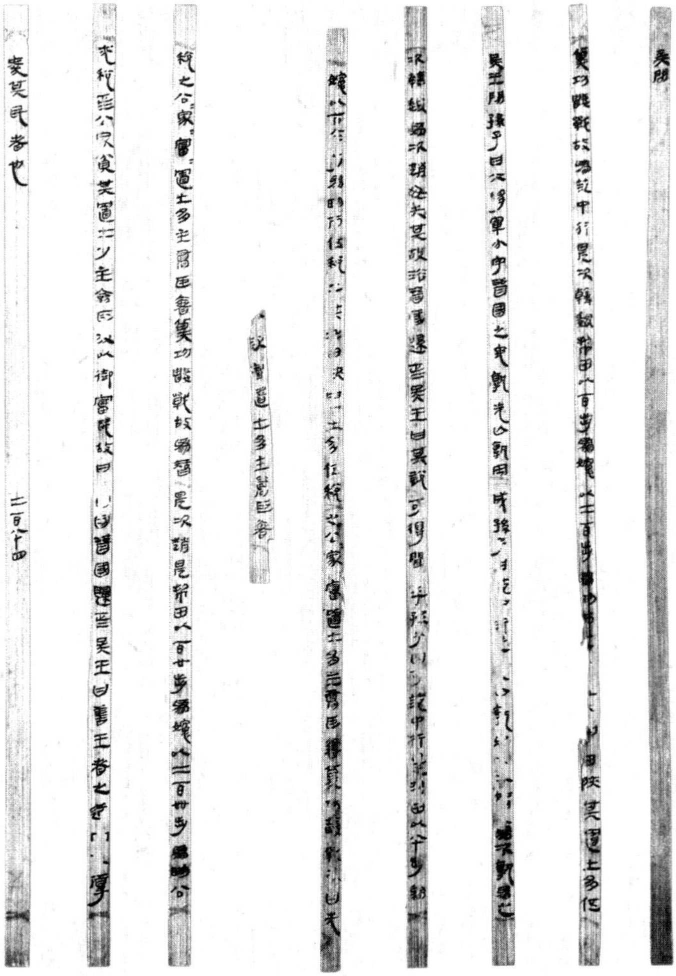

銀雀山 출토 《손자병법》 竹簡. 1972년 山東 臨沂縣 銀雀山 1호 漢墓 출토, 총 4942매

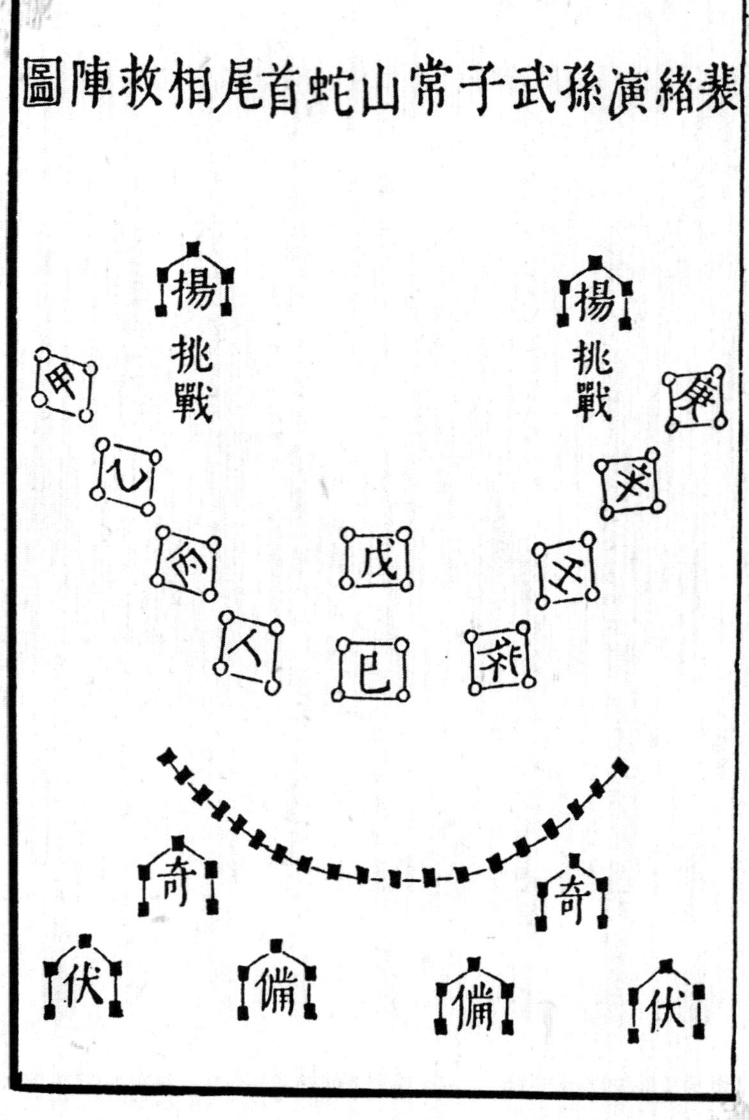

裴緒가 孫武子의 〈常山蛇首尾相救陣〉을 再演한 그림

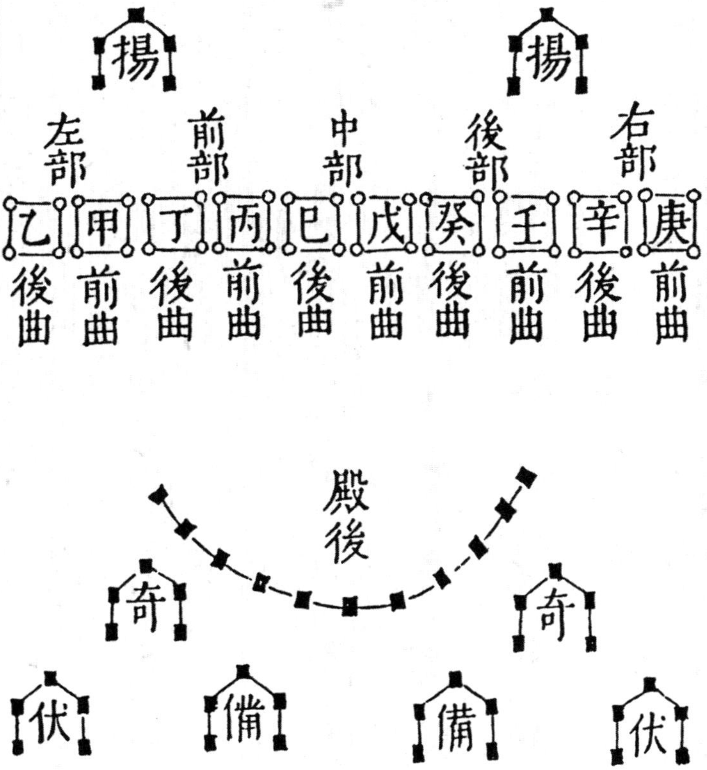

裴緒가 孫武子의 〈常山蛇陣〉을 再演한 그림

戰國形勢圖
圖例
■ 都城
○ 要邑
長城
× 著名戰場
主要水利工程
匈　奴
趙
長城
城
長城
燕
燕
林　胡
樓　煩
治
水
薊
武陽
燕
長城
河
中山
河
趙
汾
水
水
水
臨淄
即墨
齊
城
河
洛
邯鄲
趙長城
齊
長城
秦
水
魏
平陽
長平×
馬陵×
泰山
齊
曲阜
魯
涇
長城
安邑
濮陽
×桂陵
鄒
陶
薛
雍
水
鄭國渠
周
洛陽
大梁
新鄭
睢陽
宋
咸陽
渭
水
崤山
函谷關
宣陽
韓
陽翟
陳
潁
水
巨陽
淮
江
溝
渭
商
楚方城
水
壽春
漢
水
都江堰
蜀
水
汗
鄢
江
壽春
吳
越
百　濮
巴
岷
江
楚
郢
會稽

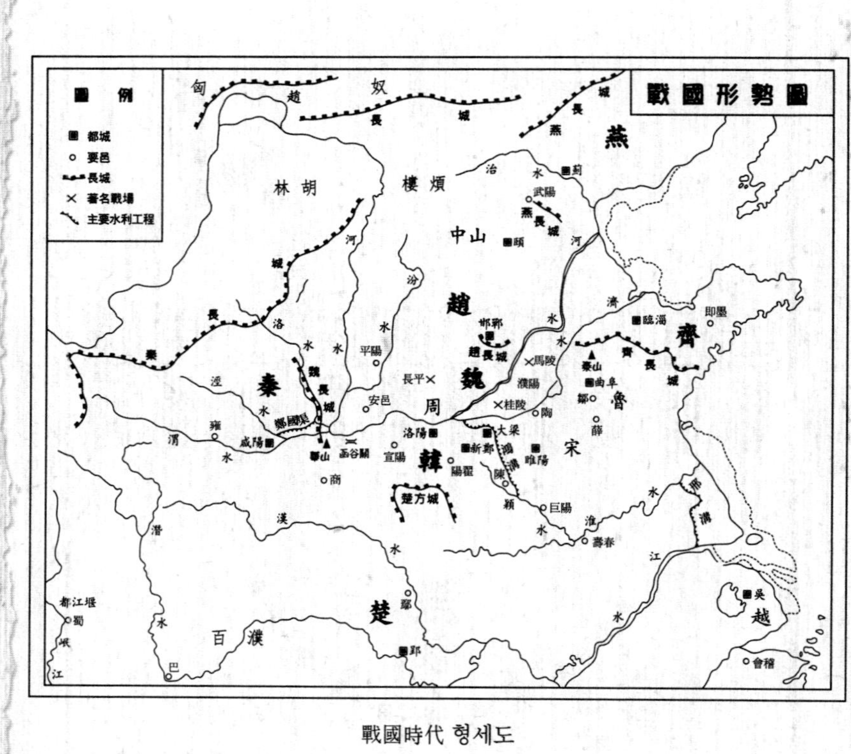

戰國時代 형세도

1. 계편計篇

　‘무경칠서武經七書’본에는 〈시계始計〉로 되어 있으며, 산동山東 은작산銀雀山 한묘漢墓 죽간본竹簡本 《손자병법孫子兵法》에는 〈계計〉로 되어 있다. 따라서 ‘편篇’자는 뒷사람이 붙인 것이다.

　본 편은 계획計劃, 계산計算, 계모計謀 등의 뜻을 가지고 있다. 즉 전쟁과 전투에 대한 전략 전술을 짜고 결정하기 위하여 여러 가지 상황과 환경, 조건을 따져 보는 것이다. 그 귀결점은 전쟁을 중요한 일로 여기며 신중을 기할 것을 주장하고 있다.

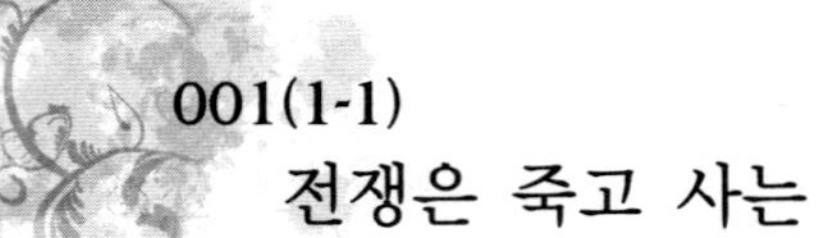

001(1-1)
전쟁은 죽고 사는 일

손자가 말하였다.

"전쟁은 나라의 중대한 일이며, 죽고 사는 중요한 경우이며, 존망의
도이니 잘 살피지 아니할 수 없다."

孫子曰: 兵者, 國之大事. 死生之地, 存亡之道, 不可不察也.

【兵】 용병, 작전, 전쟁, 군사, 국방 등의 뜻.《左傳》襄公 27년에 "聖人以興,
亂人以廢, 廢興存亡, ……皆兵之由也"라 함.
【大事】 전쟁을 뜻함.《左傳》成公 13년에 "國之大事在祀與戎"이라 함.

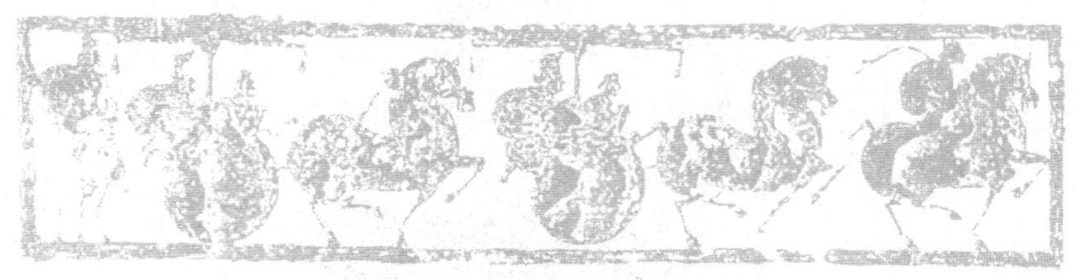

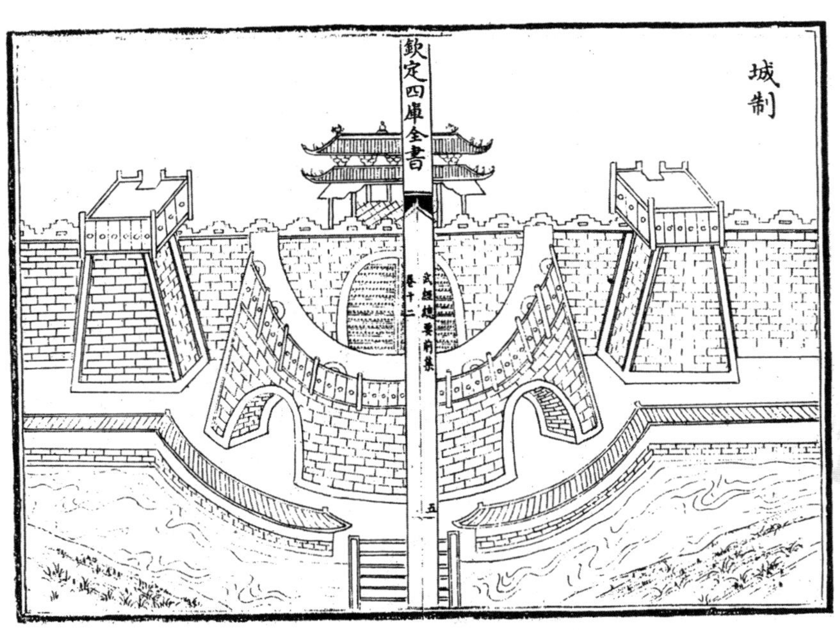

《武經總要》에 실려 있는 고대 각종 전투 시설

다섯 가지 계책

그러므로 다섯 가지 비교의 계책을 벼리로 하여 그 정황을 찾아야 한다.

첫째는 도道이며, 둘째는 하늘天, 셋째는 땅地, 넷째는 장수將, 다섯 번째는 법法이다.

도란 백성으로 하여금 윗사람과 같은 뜻을 갖도록 함이니, 그 때문에 함께 죽을 수 있고 함께 살 수 있는 것이며, 백성이 위태함을 두려워하지 않도록 함이다.

하늘이란 음양과 한서, 때의 제약이다.

땅란 원근과 험요함과 평지, 넓고 좁음, 죽고 삶이다.

장수란 지혜와 믿음, 어짊과 용기 그리고 엄함이다.

법이란 곡제曲制와 관도官道 그리고 주용主用이다.

무릇 이 다섯 가지에 대하여 장수가 들어 보지 않은 적이 있어서는 안 되느니 이를 잘 아는 자는 승리할 것이요, 모른다면 이기지 못하리라.

그러므로 이를 잘 헤아려 보되 계책으로써 하며 그 정세를 찾아야 한다.

그리고 이렇게 말하였다.

"군주로서 어느 쪽이 도가 있는가? 장수로서 어느 쪽이 능력이 있는가? 천지는 그 맞은 때와 장소를 어느 쪽이 얻었는가? 법령은 어느 쪽이 실행되고 있는가? 군대는 어느 쪽이 강한가? 사졸은 어느 쪽이 훈련되어 있는가? 상벌은 어느 쪽이 엄명한가? 나는 이것으로써 승부를 알 수 있다."

故經之以五校之計, 而索其情:

一曰道, 二曰天, 三曰地, 四曰將, 五曰法.

道者, 令民與上同意也, 故可與之死, 可與之生, 而民不畏危.

天者, 陰陽·寒暑·時制也.

地者, 遠近·險易·廣狹·死生也.

將者, 智·信·仁·勇·嚴也.

法者, 曲制·官道·主用也.

凡此五者, 將莫不聞, 知之者勝, 不知者不勝. 故校之以計, 而索其情.

曰: 主孰有道? 將孰有能? 天地孰得? 法令孰行? 兵衆孰强? 士卒孰鍊?

賞罰孰明? 吾以此知勝負矣.

【經】 강령. 벼리, 근본 등의 뜻.

【五事】 道·天·地·將·法의 다섯 가지 내용과 실정.

【校】 비교하여 살핌.

【不畏危】 曹操 주에 "危者, 危疑也"라 함.

【陰陽】 주야. 밝음과 어두움의 자연 현상.

【時制】 사계절의 변화에 따른 여러 가지 조건이나 제약.

【險易】 險阻하여 통과하기 어려운 지형.

【死地】 아주 위험하여 죽음에 이를 정도의 형세.《孫子》九地에 "疾戰則存, 不疾戰則亡者, 謂死地"라 함.

【曲制】 부대의 편제를 뜻함. 곡은 部曲을 말함.《後漢書》百官志 將軍에 "其領軍皆有部曲. 大將軍營五部, 部校尉一人, ……部下有曲, 曲有軍候一人"이라 함.

【官道】 각급 將軍과 軍吏의 직무 범위에 대한 규정.

【主用】 등용과 쓰임에 대하여 주재하고 관장함. 曹操 주에 "主軍費用也"라 함.

【知】 철저하게 파악함.

003(1-3)
나의 계책을 들어 보라

　장차 나의 계책을 들어 보아 이를 쓰면 틀림없이 승리할 것이요, 그러면 내가 남아 일을 할 것이다. 장차 나의 계책을 들어 주지 않고 자신의 뜻만 사용했다가는 틀림없이 패할 것이니, 나는 버리고 떠나 버릴 것이다.

　승리에 대한 계책을 이미 받아들였다면 이를 세勢로 만들어 이를 밖에서의 전투에 도움을 삼을 것이다. 이익이 되는 것을 근거로 임기응변에 맞추어 제어할 것이다.

　將聽吾計, 用之必勝, 留之; 將不聽吾計, 用之必敗, 去之.
計利以聽, 乃爲之勢, 以佐其外. 勢者, 因利而制權也.

【聽】 알아차려 이를 수용함.
【外】 밖에서의 실제 전투.
【權】 변화에 대한 대처. 임기응변을 뜻함.

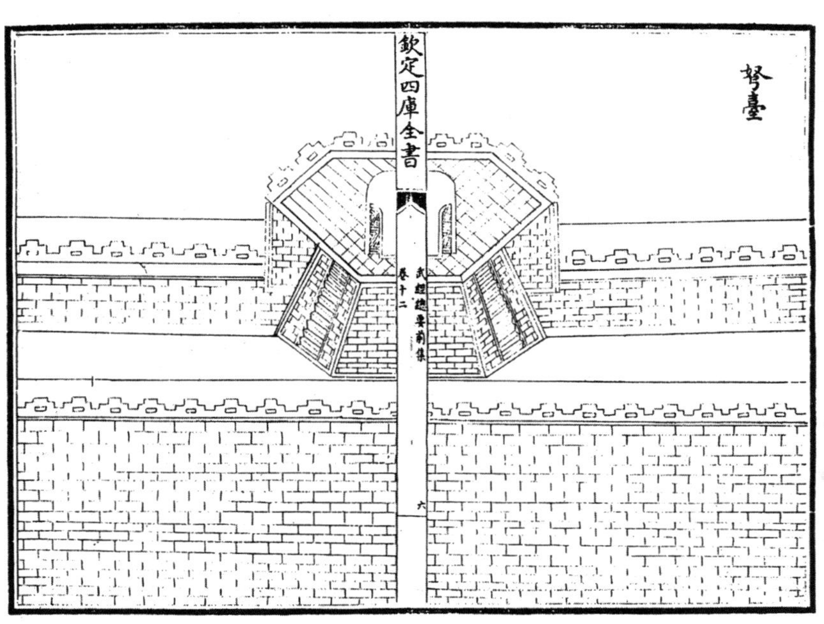

《武經總要》에 실려 있는 고대 각종 전투 시설

004(1-4)
용병은 속임수

　용병이란 속임의 도이다. 그러므로 능하면서 이를 능하지 못한 것을 보여 주고, 쓰되 이를 쓰지 않음을 보여 주며, 가까이하되 멀리 있는 듯이 보여 주며, 멀리하되 이를 가까이 있는 듯이 드러낸다.

　이익을 내세워 이를 유혹하며 어지럽히고 나서 이를 취하며, 실질을 갖추어 이를 대비하며, 강하게 해 놓고 이를 피하며, 노하게 하여 이를 흔들며, 낮추어 이를 교만하게 만들며, 편안히 해 놓고 이를 노고롭게 하며, 친하게 해 놓고 이를 흩어지게 하여, 그들의 무방비를 공격하고 그들의 생각지 못한 곳에 출격한다. 이것이 병가의 승리이니 일이 있기 전에 먼저 알게 해서는 안 된다.

　兵者, 詭道也. 故能而示之不能, 用而示之不用, 近而視(示)之遠, 遠而示之近.

　利而誘之, 亂而取之, 實而備之, 强而避之, 怒而撓之, 卑而驕之, 佚而勞之, 親而離之, 攻其無備, 出其不意.

　此兵家之勝, 不可先傳也.

【詭】궤휼, 사기. 속임수.

【怒而撓之】梅堯臣 주에 "彼褊急易怒, 則撓之使憤急輕戰"이라 함.

【卑】자신을 낮추어 조심하고 근심함.

【佚】逸과 같으며 勞에 상대되는 말.

【勝】훌륭함. 뛰어남.

【不可先傳】먼저 누설해서는 안 됨을 뜻함. 曹操 주에 "傳, 猶泄也. 兵無常勢, 水無常形, 臨敵變化, 不可先傳"이라 하였고, 杜牧은 "傳, 言也. 此言上之所陳, 悉用兵取勝之策, 固非一定之制, 見敵之形, 始可施爲, 不可先事而言也"라 함. 한편《新注》에는 "指不可事先具體規定, 意卽必須在戰爭中根據情況靈活運用"이라 함.

묘당에서 승리를 계산하다

　무릇 싸우기 전에 묘당廟堂에서 승리할 것이라 계산이 된다는 것은, 승산의 조건을 많이 갖추고 있음을 말한다. 싸우기 전에 묘당에서 계산해 보았더니 승리하지 못할 것이라 계산이 나온다는 것은, 따져 보아 이길 요건이 적다는 뜻이다. 많이 따져 보면 승리할 것이요 적게 따져 보면 이기지 못하는 것이니, 하물며 따져 보지도 않고 있는 상황임에랴! 나는 이로써 그저 그러한 상황을 보기만 해도 승부는 저절로 드러남을 안다.

夫未戰而廟算勝者, 得算多也;
未戰而廟算不勝者, 得算少也.
多算勝, 少算不勝, 而況於無算乎!
吾以此觀之, 勝負見矣.

【廟算】 옛날 전쟁을 시작하기 전에 조상의 사당에서 전쟁의 승패를 계산하여
　작전의 대계를 짜며 제사를 올리는 의식.
【見】 '현'으로 읽으며 現과 같음. 드러남. 나타남.

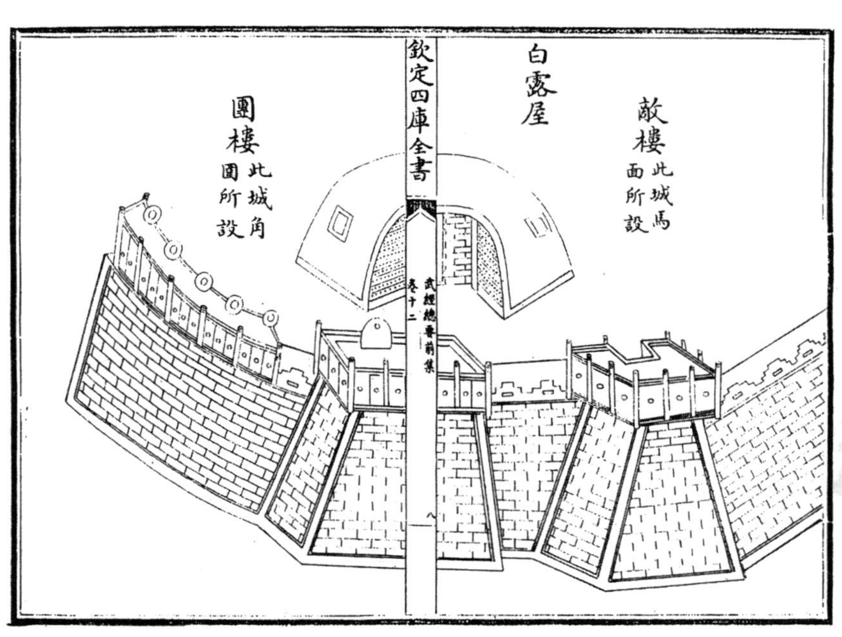

《武經總要》에 실려 있는 고대 각종 전투 시설

손자

2. 작전편 作戰篇

　　지금의 '작전作戰'이라는 의미와는 다른 것으로 보고 있다. 즉 '작作'은 '시始'의 뜻으로 '전투를 시작하기 위한 전쟁 준비'를 가리킨다. 인력과 물자, 재력 등의 여러 조건을 충족시켜 승리의 기틀을 마련해야 하며 특히 공격은 물론 수비에 있어서도 속전속결을 중시하고 있다.

전쟁 비용과 인력 동원

손자가 말하였다.

무릇 용병 방법이란 천 사駟의 전차를 출동시키고, 천 승乘의 혁거革車를 사용하고, 갑옷과 무기를 든 병사 10만을 동원하여 천리 멀리 군량을 수송하여야 하는 것이니, 안팎으로 드는 비용과 빈객賓客을 사용하며, 교칠膠漆의 재용이 들며, 수레와 무기를 마련하는 비용 등이 하루에 천 금씩이나 든 연후에야 10만의 군사를 들어 움직이는 것이다.

孫子曰: 凡用兵之法, 馳車千駟, 革車千乘, 帶甲十萬, 千里饋糧, 則內外之費, 賓客之用, 膠漆之材, 車甲之奉, 日費千金, 然後十萬之師擧矣.

【馳車】 輕車. 공격용의 戰車. 네 필 말로 달리며 駟를 하나의 단위로 함.
【革車】 군용의 식량과 무기, 장비 등을 싣고 나르는 수레. 重車·輜車라고도 함. 흔히 소를 사용하여 끌며 느리고 시간이 소요됨.
【帶甲】 춘추시대 무장한 군사를 일컫는 말. 杜牧의 《司馬法》 주에 "一車, 甲士三人, 步卒七十二人, 炊家子十人, 固守衣裝五人, 廏養五人, 樵汲五人, 輕車七十五人, 重車二十五人"이라 함.

【賓客】 전쟁 중에 두 나라를 오가며 의견을 전달하는 유세객. 사절. 杜牧은
   “軍有諸侯交聘之禮, 故曰賓客也”라 하였고, 張預는 “賓客者, 使命與游士也”라 함.
【膠漆】 아교와 옻즙. 갑옷, 투구, 화살, 활 등을 수선하는 접착제와 도료로 사용함.
   張預는 “膠漆者, 修飾器械之物也”라 함.
【車甲之奉】 수레의 윤활유와 갑옷이나 투구를 수리하는 가죽 등을 말함. 혹은
   먼 행군에 필요한 일체의 장비와 기물 등을 말함. 張預는 “車甲者, 膏轄金革之類也”
   라 함.

전쟁은 오래 끌어서는 안 된다

그것을 가지고 작전에 쓸 때는 급히 서둘러야 한다. 오랫동안 지구전을 벌이면 군대를 둔하게 하며, 예기가 꺾이고 말기 때문에 성을 공격할 때는 힘을 다하여야 한다. 오랫동안 햇볕 아래에서 전투를 벌이면 나라의 재용이 부족하게 된다.

무릇 군대가 둔해지고 예봉이 꺾이거나, 힘을 모두 소진하고 나라의 재용이 다하게 되면, 제후들이 그 피폐한 틈을 타고 기병하게 된다. 이 때에는 비록 지혜로운 자가 있다 해도 그 패전의 수습을 잘 해낼 수가 없게 된다.

그러므로 군사의 일이란 차라리 졸속하다는 말을 들을지언정 교묘함을 자랑하며 오래 끄는 것을 보여서는 안 된다.

무릇 장기간 용병을 하면서도 나라에 이익을 주었다는 자는 있어 본 적이 없다. 그러므로 용병에서의 해로움을 속속들이 알지 못한다면 용병의 이로움도 속속들이 알아낼 수 없는 것이다.

其用戰也, 勝. 久則鈍兵·挫銳, 攻城則力屈, 久暴師則國用不足.
夫鈍兵挫銳, 屈力殫貨, 則諸侯乘其弊而起. 雖有智者, 不能善其後矣.
故兵聞拙速, 未睹巧之久也. 夫兵久而國利者, 未之有也.
故不盡知用兵之害者, 則不能盡知用兵之利也.

【其用戰也, 勝】 ‘勝’은 ‘速’과 같음. 고대 雙聲互訓으로 썼음.

【鈍兵挫銳】 군대가 둔해지고 예봉이 꺾임.

【屈】 竭과 같음. 국가의 재용이 다함.

【暴】 曝과 같음. 땡볕 아래에 노출됨.

【殫貨】 전쟁에 필요한 물자를 모두 보시하여 여분이 없음.

【弊】 피폐함.

【善其後】 패전의 수습을 잘함.

008(2-3)
사람을 두 번 징발하지 않는다

용병에 뛰어난 자는 군대에 쓸 사람들을 두 번 징발하지 아니하며, 군량을 세 번씩이나 옮기는 일을 하지 않는다. 나라에서 군수품을 취하여 쓰되, 그 다음에는 이를 바탕으로 적에게서 조달한다. 그 때문에 군사들의 식량이 족하게 되는 것이다.

善用兵者, 役不再籍, 糧不三載; 取用於國, 因糧於敵, 故軍食可足也.

【籍】軍籍, 兵籍簿. 군대에 징집함을 뜻함.
【取用於國, 因糧於敵】 기본적으로 필요한 무기 등은 국내에서 조달하되 식량과 기타 물건은 적국의 현지에서 조달하여 사용함. 曹操 주에 "兵甲戰具, 取用國中, 糧食因敵也"라 함.

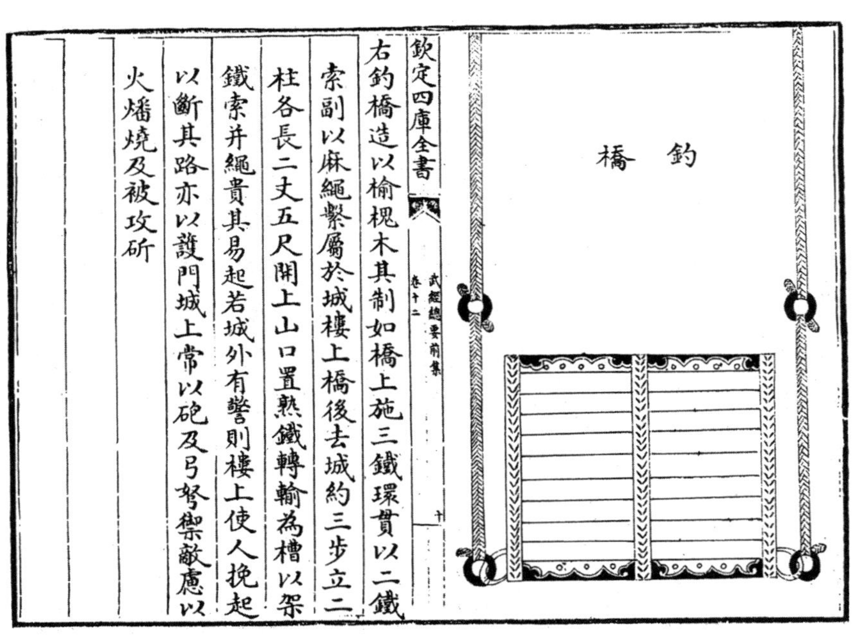

欽定四庫全書

武經總要前集　卷十二

右釣橋造以榆槻木其制如橋上施三鐵環貫以二鐵
索副以麻繩繫屬於城樓上橋後去城約三步立二
柱各長二丈五尺開上山口置熟鐵轉輸為槽以架
鐵索并繩貴其易起若城外有警則樓上使人挽起
以斷其路亦以護門城上常以砲及弓弩禦敵慮以
火燔燒及被攻斫

《武經總要》에 실려 있는 고대 각종 전투 장비

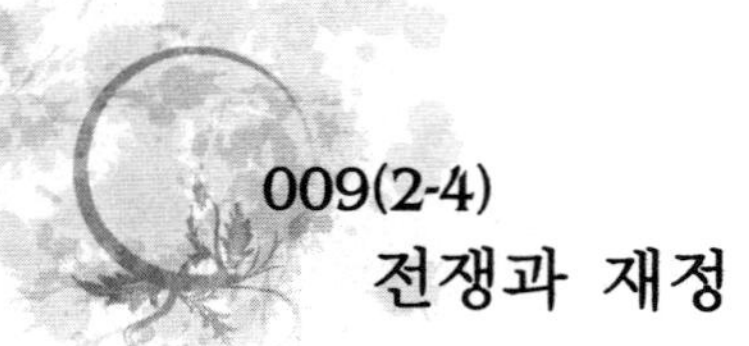

전쟁과 재정

　나라가 가난해지는 이유는 군대를 멀리 수송하는 데에서 비롯된다. 멀리 보내게 되면 백성이 가난해진다. 그렇게 되면 군대 가까운 지역의 물가는 치솟게 되고, 물가가 치솟으면 백성의 재물이 고갈되며, 재물이 고갈되면 구역丘役을 재촉하게 된다. 힘은 다하고 재물이 고갈되면, 중원 中原 지역조차 안으로 집집마다 텅 비고 만다. 이렇게 되면 백성으로부터 거두어야 하는 비용이 10분의 7이나 되며, 공가公家로부터 거두는 비용도 수레의 파손과 말의 피폐, 갑옷과 투구, 화살과 활, 창과 방패, 긴 창과 망루용 수레, 구우丘牛, 큰 수레 등을 위해 10분의 6이나 거두어야 한다.

　國之貧於師者遠輸, 遠輸則百姓貧. 近於師者貴賣, 貴賣則百姓財竭, 財竭則急於丘役. 力屈·財殫, 中原內虛於家. 百姓之費, 十去其七; 公家之費: 破軍罷馬, 甲冑矢弩, 戟楯蔽櫓, 丘牛大車, 十去其六.

【貧於師】 전쟁으로 인해 가난해짐.

【貴賣】 물가가 앙등함.

【丘役】 丘는 고대 행정 단위. 그 행정 단위 별로 부과하던 부역. 《周禮》에 9夫를 1井, 4井을 1邑, 4邑을 1丘, 4丘를 1甸으로 조직하였으며, 전쟁이 벌어지면 매 丘마다 戎馬 1필, 소 3두씩을 공출하며, 甸에는 戰車 1승, 말 4필, 소 12두, 甲士 3인, 步卒 72인을 징집하였다 함.

【中原】 중국의 중앙 지역. 여기서는 나라의 京畿 지역을 뜻함.

【罷】 疲와 같음.

【戟楯蔽櫓】 창과 방패로 櫓를 엄호하여 은폐함. 櫓는 성을 공격하기 위하여 만든 망루를 세운 수레. 巢車. 望樓車라고도 함.

【丘牛】 丘에서 징집된 소. 혹은 큰 소라고도 함.

010(2-5)
적지에서 직접 조달하라

그러므로 지장_{智將}은 적으로부터 식량을 구하기에 힘쓴다. 적으로부터 1종_鍾의 식량을 탈취하는 것은 자신의 조국에서 20종을 가져오는 것과 같으며, 적으로부터 말먹이 1석_石을 조달하는 것은 자신의 땅에서 20석을 가져오는 것과 같다.

故智將務食於敵. 食敵一鍾, 當吾二十鍾; 蒠稈一石, 當吾二十石.

【鍾】 고대의 들이 단위. 흔히 6곡4두를 1종이라 함.
【蒠稈】 蒠는 '其'와 같음. 콩깍지. '稈'은 '秆'으로도 표기하며 볏짚을 가리킴. 모두 말이나 소의 먹이로 사용함.
【石】 섬. 고대 무게의 단위. 《漢書》 律曆志에 "三十斤爲鈞, 四鈞爲石"이라 함.

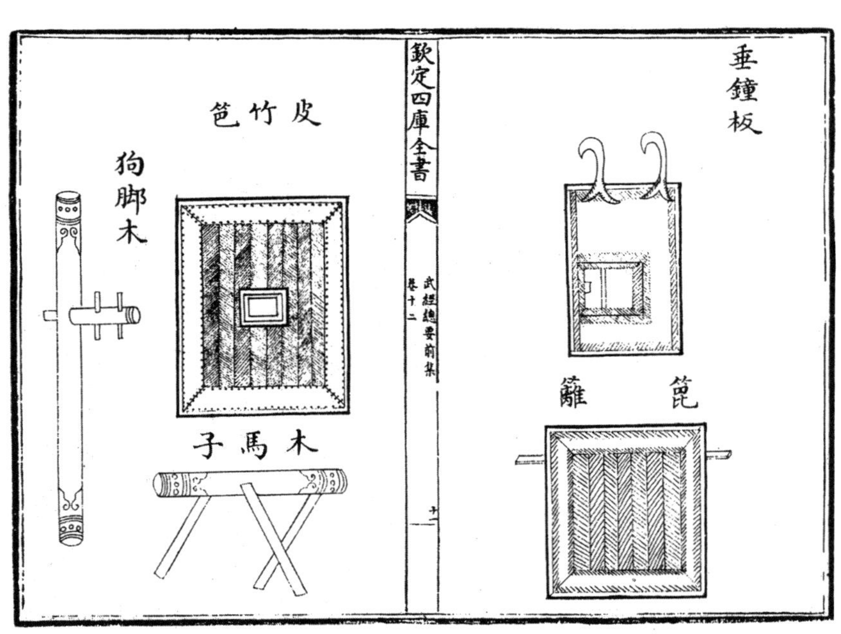

《武經總要》에 실려 있는 고대 각종 전투 장비

011(2-6)
적을 이겨 자신이 더욱 강해져야 한다

그러므로 적을 죽이도록 하는 것은 자신의 군대를 노하게 하는 것이며, 적으로부터 이익을 취하도록 하는 것은 재물로 하는 것이다. 따라서 전차 싸움에서 10량 이상을 탈취해 오는 경우 그 상은 먼저 탈취해 오는 자에게 내리며, 상대의 전차에 꽂혔던 깃발을 탈취해 오는 경우 이 수레는 아군의 행렬에 배치하여 사용한다. 포로로 잡아온 적병이 똑똑할 경우 이를 잘 대하여 죽이지 말고 거두어 주어야 한다.

이를 일러 적을 이기고 자신은 더욱 강해진다고 하는 것이다.

故殺敵者, 怒也; 取敵之利者, 貨也. 故車戰, 得車十乘已上, 賞其先得者, 而更其旌旗, 車雜而乘之, 卒善而養之. 是謂勝敵而益强.

【殺敵者, 怒也】梅堯臣은 “殺敵則激吾人以怒”라 함.
【取敵之利者, 貨也】梅堯臣은 “取敵則利吾人以貨”라 함.

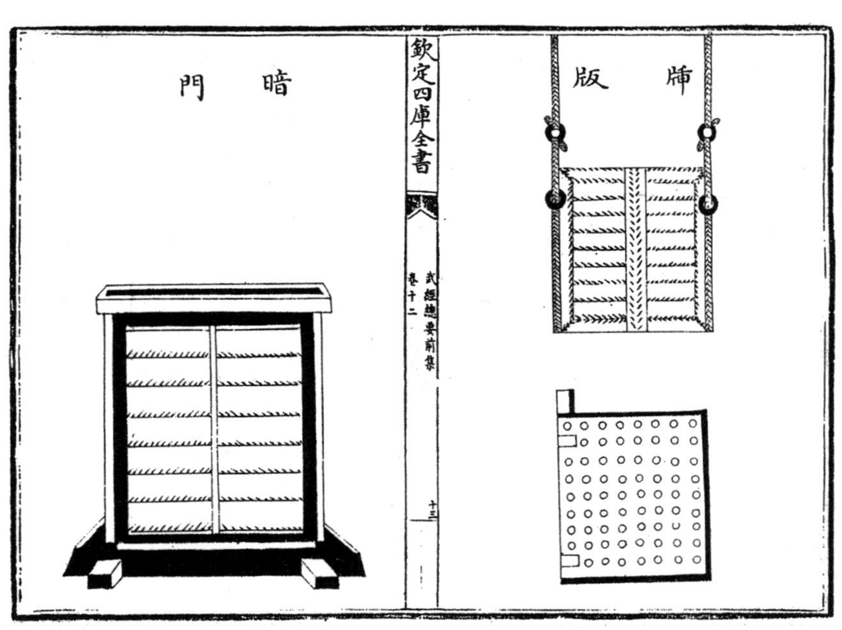

《武經總要》에 실려 있는 고대 각종 전투 장비

전투는 이기는 것이 중요한 것이다

그러므로 전투에는 이기는 것이 중요한 것이요, 오래 싸우는 것은 중요한 것이 될 수 없다.

따라서 자신의 병력을 아는 장수는 백성의 생명을 쥐고 있는 것이요, 국가의 안위를 주재하는 자이다.

故兵貴勝, 不貴久. 故知兵之將, 民之司命, 國家安危之主也.

【生民】생업에 종사하며 살아가야 할 백성.
【主】주관함. 주재함.

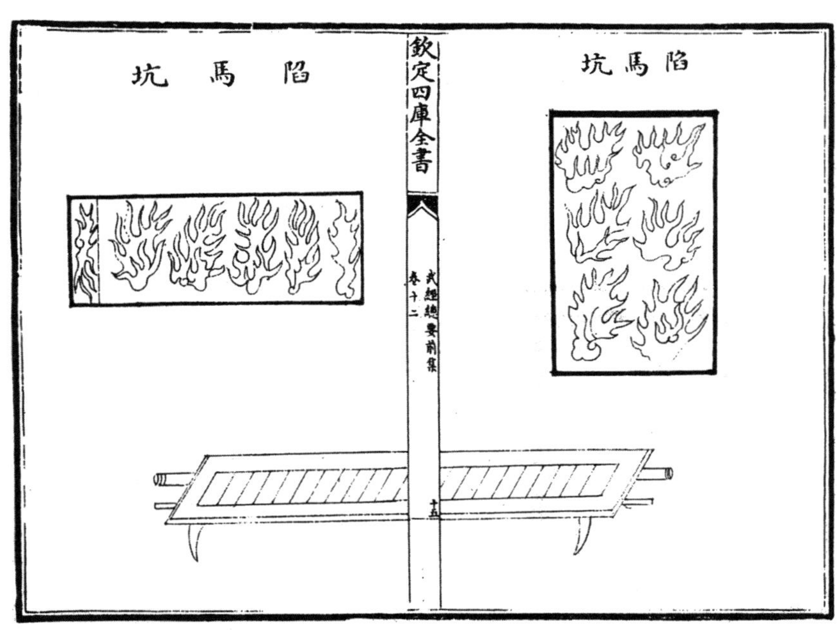

《武經總要》에 실려 있는 고대 각종 전투 장비

손
자

3. 모공편 謀攻篇

　'모공謀攻'은 공격에 대한 모책을 세움을 뜻한다. 적을 이기기 위해서는 모책이 미리 마련되어야 하며, 특히 정치와 외교상에 있어서 싸우지 아니하고 적을 굴복시키는 것(不戰而屈人之兵)이 최우선임을 주장하고 있다. 그는 일부 승리보다는 전승全勝을 뛰어난 것으로 보며, 손자 사상의 핵심이기도 하다.

싸우지 않고 항복받는 것이 최상의 전쟁

손자가 말하였다.

무릇 용병 방법이란 적국을 온전히 둔 채 이를 항복받는 것이 최상이며, 그 나라를 깨뜨려 항복받는 것은 그 다음이다.

그리고 적군을 온전히 한 채 이기는 것이 최상이며, 적군을 깨뜨리고 이기는 것은 그 다음이다.

상대의 여단旅團을 온전히 한 채 이기는 것이 최상이며, 그 여단을 깨뜨리고 이기는 것은 그 다음이다.

상대의 졸卒을 온전히 한 채 이기는 것이 최상이며, 그 졸을 깨뜨리고 이기는 것은 그 다음이다.

상대의 오대伍隊를 온전히 한 채 이기는 것이 최상이며, 그 오대를 깨뜨리고 이기는 것은 그 다음이다.

이 까닭으로 백번 싸워 백번 이기는 것은 잘하는 것 중의 잘하는 것이 아니며, 싸우지 아니하고 상대의 군대를 굴복시키는 것이 잘하는 것 중의 잘하는 것이다.

孫子曰: 凡用兵之法, 全國爲上, 破國次之; 全軍爲上, 破軍次之; 全旅爲上, 破旅次之; 全卒爲上, 破卒次之; 全伍爲上, 破伍次之.

是故百戰百勝, 非善之善者也; 不戰而屈人之兵, 善之善者也.

【全國爲上】 적국과 싸우지 아니하고 온전히 한 채로 항복을 받아내는 것이 가장 훌륭한 승리이며 책략이라는 뜻. 본장의 '全'자는 모두 같음 뜻임.

【軍】《周禮》에 1만 2천5백 명을 1군이라 하였음.

【旅】《說文》에 "五百人爲旅"라 함.

【卒】 고대 兵制에서 1백 명을 졸이라 함.《周禮》에 "五人爲伍, 五伍爲兩, 四兩爲卒"이라 함.

【伍】 고대 가장 기본적인 군제 단위. 다섯 명을 단위로 '伍'라 함.《周禮》 夏官 司馬에 "凡制軍, 萬二千五百人爲軍. 王六軍, 大國三軍, 次國二軍, 小國一軍. 軍將皆命卿. 二千有五百人爲師, 師帥皆中大夫. 五百人爲旅, 旅帥皆下大夫. 百人爲卒, 卒長皆上士. 二十五人爲兩, 兩司馬皆中士. 五人爲伍, 伍皆有長"이라 함.

공격은 부득이할 때만

그러므로 가장 뛰어난 용병술이란 상대의 모책을 치는 것이며, 그 다음은 상대의 외교를 치는 것이며, 그 다음은 상대의 군사를 치는 것이며, 상대의 성을 공격하는 것은 가장 낮은 책략이다.

성을 공격하는 방법은 부득이할 때만 하는 것이다.

망루의 수레와 분온輕輼을 수리하고 각종 전투 장비를 갖추어도 결국 석 달이 걸린 뒤에야 성공하는 것이며, 거리를 두고 공격용 토산闉을 쌓는 일도 석 달이 지난 뒤에야 마칠 수 있다.

게다가 장차 그 분함을 참지 못하고 개미처럼 달라붙어 공격을 퍼붓게 되면 죽는 병사가 3분의 1이나 되니, 이렇게 하고도 성을 함락시키지 못한다면 이는 공격의 재앙이다.

故上兵伐謀, 其次伐交, 其次伐兵, 其下攻城. 攻城之法, 爲不得已. 修櫓轒轀·具器械, 三月而後成, 距闉, 又三月而後已. 將不勝其忿, 而蟻附之, 殺士三分之一, 而城不拔者, 此攻之災也.

【伐謀】 모책으로써 토벌함.

【伐交】 외교로써 토벌하여 처리함.

【伐兵】 군사로써 침.

【櫓】 고대 성을 공격하기 위하여 만든 망루를 세운 수레. 巢車. 望樓車라고도 함.

【轒轀】 고대 성을 공격하기 위한 四輪車. 겉에 쇠가죽을 씌웠으며 십여 명을 숨길 수 있다 함. 흙과 돌을 나르기도 함. 杜牧 주에 "轒轀, 四輪車, 排大木爲之, 上蒙以生牛皮, 下可容十人, 往來運土塡塹, 木石所不能傷, 今俗所謂木驢是也"라 함. 한편 李筌은 "轒轀者, 四輪車也. 其下藏兵數十人, 塡隍推之, 直就其城, 木石所不能壞也"라 함.

【距闉】 적군의 성을 공격할 때 쌓는 흙더미. 이를 밀어 넘어뜨리고 밀고 들어감.

【蟻附】 개미처럼 성에 달라붙어 공격함.

전쟁을 하지 않고 이기는 법

그러므로 용병에 뛰어난 자는 적의 병사를 굴복시키는 전쟁을 하지 않는 것이며, 적의 성을 함락시키되 공격을 하지 않고도 그와 같이 하는 것이며, 적국을 파괴시키되 오래도록 시간을 끌면서 하지는 않는다. 따라서 모든 것을 다 들어 천하와 다투어야 한다.

그러므로 군대를 조금도 돈절頓絶하게 하지 않고도 온전하게 그 이익을 얻어야 하느니, 이것이 공격을 모책하는 모공謀攻의 방법이다.

故善用兵者, 屈人之兵而非戰也. 拔人之城而非攻也, 破人之國而非久也, 必以全爭於天下, 故兵不頓, 而利可全, 此謀攻之法也.

【全】'온전히 하다'의 뜻.
【兵不頓】전투에서 손실이 없으며 군의 사기도 꺾이지 않음.

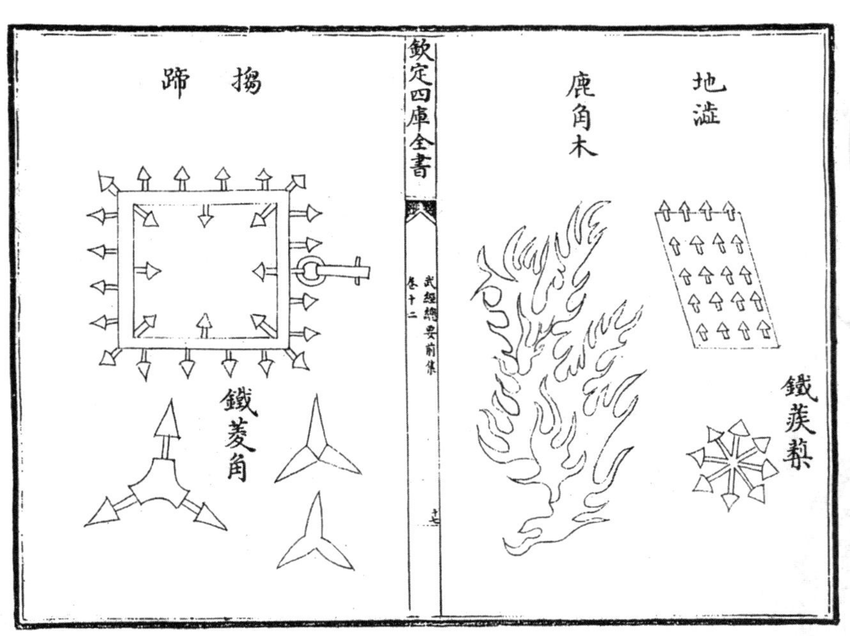

《武經總要》에 실려 있는 고대 각종 전투 장비

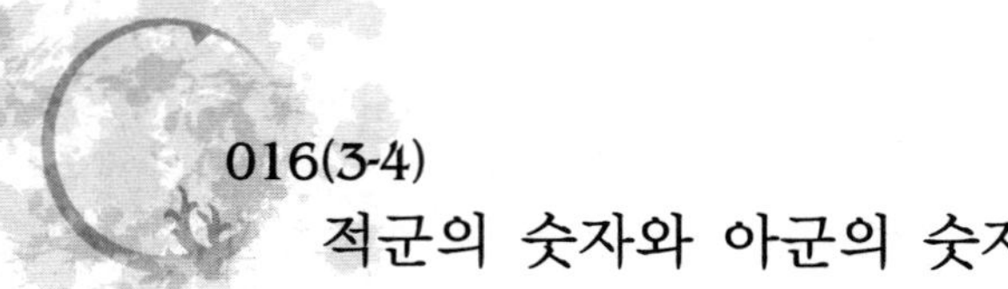

016(3-4)
적군의 숫자와 아군의 숫자

그러므로 용병의 법이란 내가 상대보다 10배가 강하면 포위하는 방법을 쓰고, 5배 강하면 공격하며, 2배 강하면 상대를 분산시키며, 서로 대등하면 능히 맞싸워야 한다. 그리고 상대보다 적으면 능히 도망갈 수 있어야 하며, 그에 맞설 만하지 못하면 전쟁을 피해야 한다. 그러므로 작은 병력이면서 적과 고집스럽게 대적했다가는 크게 적의 포로가 되고 만다.

故用兵之法, 十則圍之, 五則攻之, 倍則分之, 敵則能戰之, 少則能逃之, 不若則能避之.

故小敵之堅, 大敵之擒也.

【倍則分之】2배가 강할 경우 상대를 분산시킴.
【敵】對敵, 匹敵의 뜻.

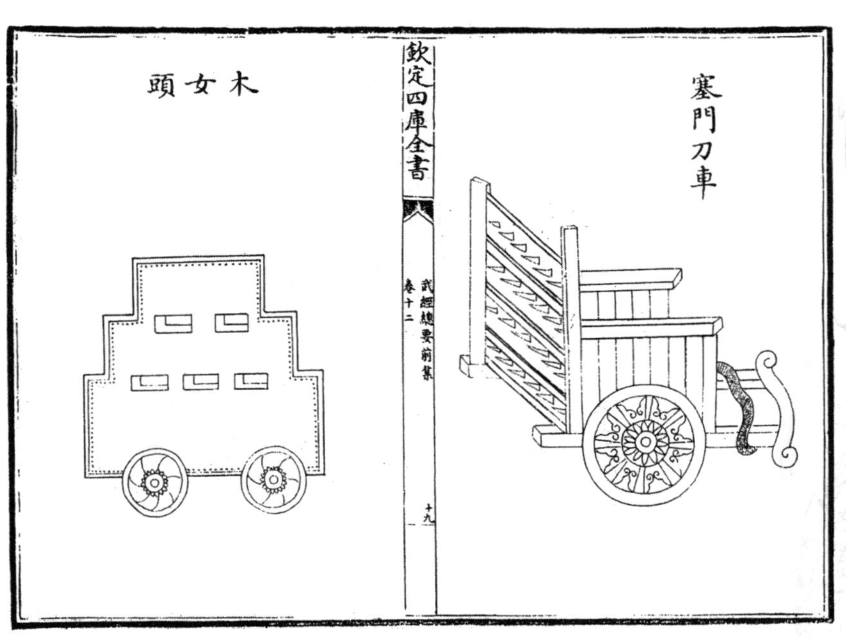

《武經總要》에 실려 있는 고대 각종 전투 장비

017(3-5)
보좌의 책임

무릇 장수란 나라의 보좌輔佐이다. 보좌가 주도면밀하면 나라는 틀림없이 강하게 될 것이요, 보좌가 틈이 생기면 나라는 틀림없이 약해지고 마는 법이다.

夫將者, 國之輔也. 輔周則國必强, 輔隙則國必弱.

【國之輔】 나라 임금의 보좌. 보필.
【周】 주도면밀함.

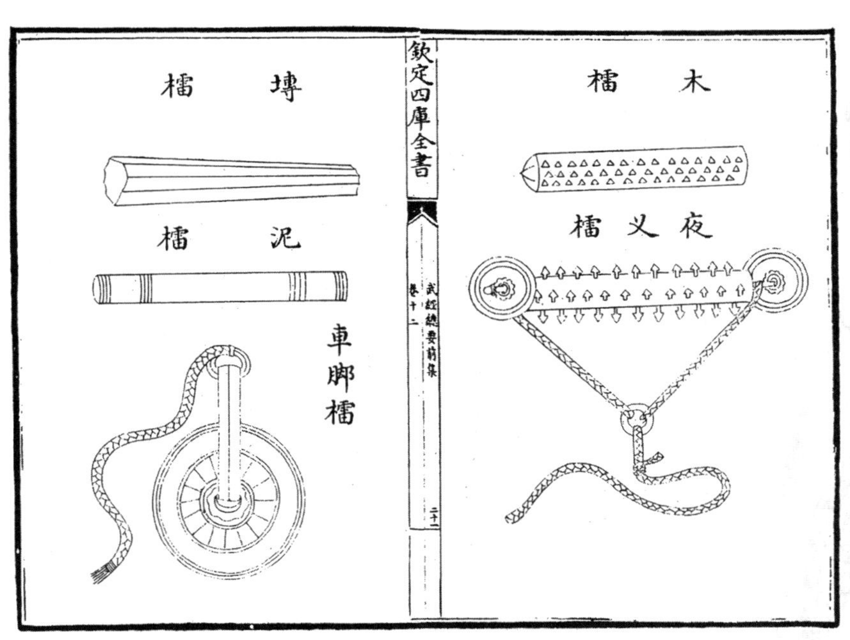

《武經總要》에 실려 있는 고대 각종 전투 장비

018(3-6)
# 임금으로서 군대에 해를 끼치는 세 가지

그러므로 임금으로서 군대에게 해를 끼치게 되는 바가 세 가지가 있으니, 자신의 군대가 진격해서는 안 됨을 알지 못하고 이를 진격시키도록 이르는 것, 자신의 군대가 퇴각해서는 안 되는 데도 이를 모른 채 퇴각하라고 명하는 것 이를 일러 미군縻軍이라 한다. 다음으로 삼군三軍의 일에 대하여 알지도 못하면서 삼군의 정사에 동조하게 되면 군사들이 의혹에 빠지게 된다. 그리고 삼군의 권형權衡을 알지도 못하면서 삼군의 임명에 대하여 동조하게 되면 군사들은 믿음을 갖지 못하게 된다.

삼군이 이미 의혹을 갖고 게다가 믿지 않는다면 제후들로부터의 도전에 이르게 될 것이니, 이를 일러 '군대를 혼란시켜 승리를 놓친다'라고 말하는 것이다.

故君之所以患於軍者三: 不知軍之不可以進而謂之進, 不知軍之不可以退而謂之退, 是爲縻軍; 不知三軍之事, 而同三軍之政者, 則軍士惑矣; 不知三軍之權, 而同三軍之任, 則軍士疑矣. 三軍旣惑且疑, 則諸侯之難至矣, 是謂亂軍引勝.

【三軍】주나라 때 一軍은 1만 2천500명을 가리키며, 天子(王)는 六軍을, 제후 중에 大國은 三軍을, 그 다음 정도는 二軍을, 소국은 一軍을 둘 수 있었음. 《周禮》夏官 司馬에 "凡制軍, 萬二千五百人爲軍. 王六軍, 大國三軍, 次國二軍, 小國一軍. 軍將皆命卿. 二千有五百人爲師, 師帥皆中大夫. 五百人爲旅, 旅帥皆下大夫. 百人爲卒, 卒長皆上士. 二十五人爲兩, 兩司馬皆中士. 五人爲伍, 伍皆有長"이라 함.

【縻軍】군대를 묶어 둠. 속박함.

【權】權變, 權謀. 權衡.

【疑】군주에게 의심을 갖고 믿지 않음.

【亂軍】스스로 혼란이 일어난 군대.

【引勝】승리를 스스로 저버림. '引'은 '却, 失'의 의미로 봄.

승리를 예측할 수 있는 다섯 가지

그러므로 승리를 예측할 수 있는 방법은 다섯 가지가 있다.

싸울 능력이 있는 자가 싸울 능력이 없는 자와 맞붙으면 승리한다. 그리고 많고 적음을 알아 이를 쓰는 자가 승리한다. 상하가 함께 같은 욕망을 가진 측이 승리한다. 헤아리고 방비하는 자가 그렇지 않은 자를 상대로 싸우면 승리한다. 장수가 능력이 있으며 임금이 간섭하지 아니하는 쪽이 승리한다.

이 다섯 가지가 승리를 미리 알 수 있는 방법이다.

故知勝有五: 知可以戰, 與不可以戰者勝, 識衆寡之用者勝, 上下同欲者勝, 以虞待不虞者勝, 將能而君不御者勝.

此五者, 知勝之道也.

【知勝】 승리를 예측함.
【衆寡之用】 많고 적음을 적절히 활용함. 張預는 "用兵之法, 有以少而勝衆者, 有以多而勝寡者, 在乎度其所而不失其宜則善. 如吳子所謂用衆者務易, 用少者務隘是也"라 함.
【上下同欲】 張預는 "百將一心, 三軍同爲"라 함.

【虞】우려함. 헤아림. 대비함.《爾雅》釋言에 "虞, 度也"라 하였고,《國語》
  晉語의 "衛文公有邢翟之虞, 不能禮焉" 韋昭 주에 "虞, 備也"라 함.
【御】통솔하고 견제하며 간섭함.

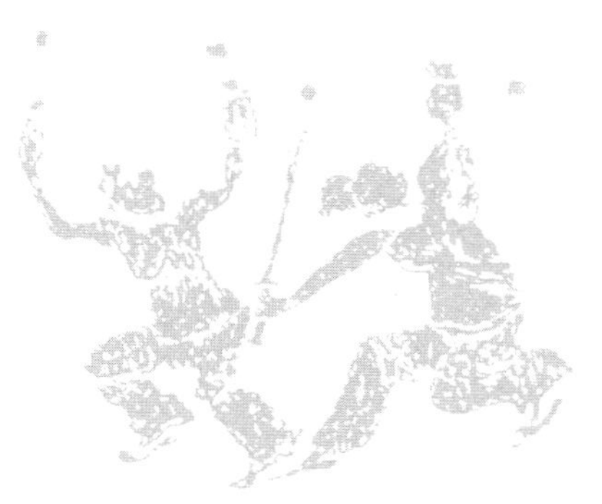

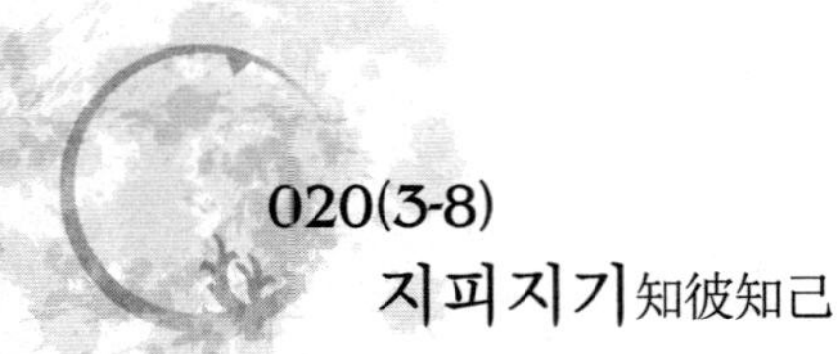

지피지기 知彼知己

그러므로 이렇게 말하는 것이다.

상대를 알고 나를 알면 백 번 싸워도 위태롭지 않을 것이요, 상대는 모르고 자신만 알면 한 번 승리하고 한 번은 패한다. 그러나 상대를 알지 못하고 자신도 알지 못한 경우라면 매번 싸움마다 반드시 패하고 만다.

故曰: 知彼知己, 百戰不殆;

　　　不知彼而知己, 一勝一負;

　　　不知彼不知己, 每戰必殆.

【知彼知己, 百戰不殆】흔히 "知彼知己, 百戰百勝"으로 널리 알려진 《孫子》의 명언. 정보와 계획, 그리고 사전 계산이 중요함을 말함.

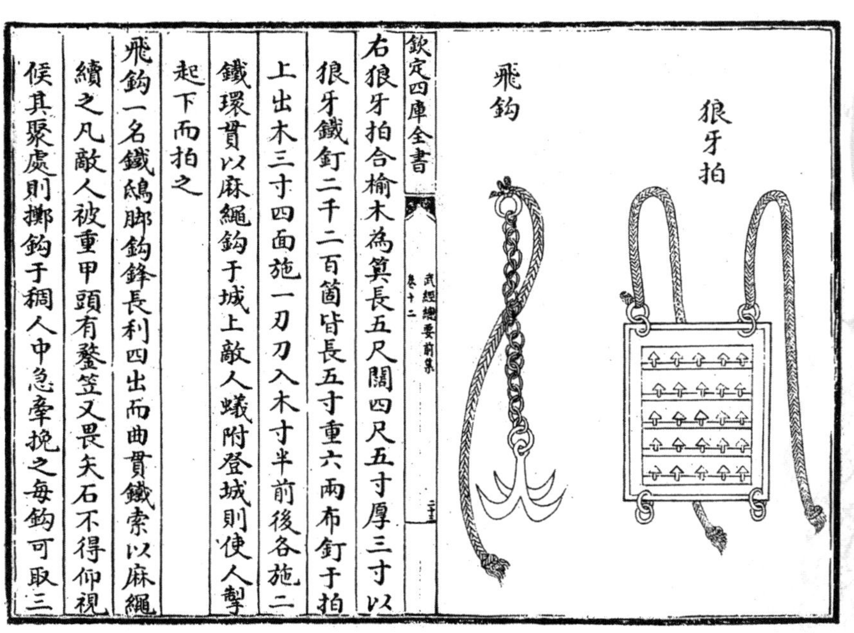

欽定四庫全書

武經總要前集　卷十二

右狼牙拍合榆木為箕長五尺闊四尺五寸厚三寸以
狼牙鐵釘二千二百箇皆長五寸重六兩布釘于拍
上出木三寸四面施一刀刀入木寸半前後各施二
鐵環貫以麻繩鈎于城上敵人蟻附登城則使人掣
起下而拍之
飛鈎一名鐵鴟腳鈎鋒長利四出而曲貫鐵索以麻繩
續之凡敵人被重甲頭有鍪笠畏矢石不得仰視
候其聚處則擲鈎于稠人中急牽挽之每鈎可取三

《武經總要》에 실려 있는 고대 각종 전투 장비

손자

4. 형편 形篇

　　본 편은 형태를 이루어 드러나는 것이란 뜻을 가졌다는 뜻의 '형形' 자를 하나의 명제로 삼고 있다. 적에게 아군의 형태를 보여주지 말 것이며, 적과 아군의 역량을 살펴 공수의 형식을 취하도록 한 것이다. 자신의 군사적 역량을 최대화하여 작전을 펴야 함을 중시하고 있으며 정치·경제·군사 등 여러 방면의 조건을 자신에게 유리하게 만들어 놓아야 한다는 환경과 조건 조성에 대한 내용이다.

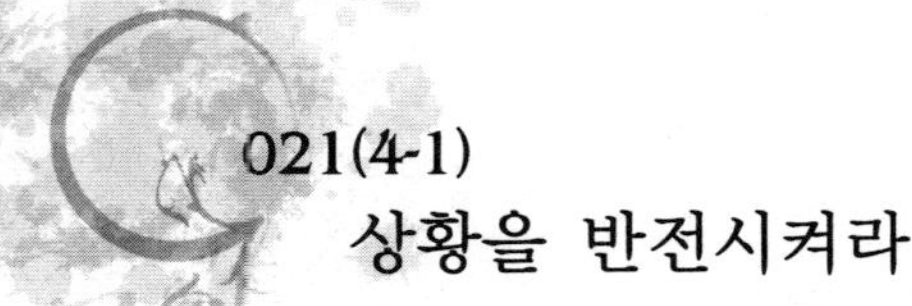

021(4-1)
상황을 반전시켜라

손자가 말하였다.

옛날 전쟁에 능하였던 자는 먼저는 이길 수 없는 상황이었으나 그 적을 이길 수 있을 때까지 기다렸다. 이길 수 없는 조건은 자신에게 있으며, 이길 수 있는 조건은 적에게 있다. 그러므로 전쟁에 능하였던 자는 능동적으로 적이 우리를 이길 수 없도록 만들며, 적으로 하여금 틀림없이 우리를 이길 것이라는 확신을 갖지 못하도록 한다. 그러므로 승리는 가히 미리 알 수는 있으나 , 억지로 만들 수는 없다고 말하는 것이다.

孫子曰: 昔之善戰者, 先爲不可勝, 以待敵之可勝. 不可勝在己, 可勝在敵.

故善戰者, 能爲不可勝, 不能使敵必可勝. 故曰: 勝可知, 而不可爲.

【形】손자 병법에서 지극히 중요한 개념으로 군대의 형세·규모·사기·실력 등을 총체적으로 일컫는 말. 고대의 병법 술어로 '形名'이라고도 함.
【能爲不可勝, 不能使敵必可勝】능동적으로 우리가 조건을 만들어 적이 우리를 이기지 못하게 하며, 적이 틀림없이 이길 수 있다는 확신을 갖지 못하도록 함.

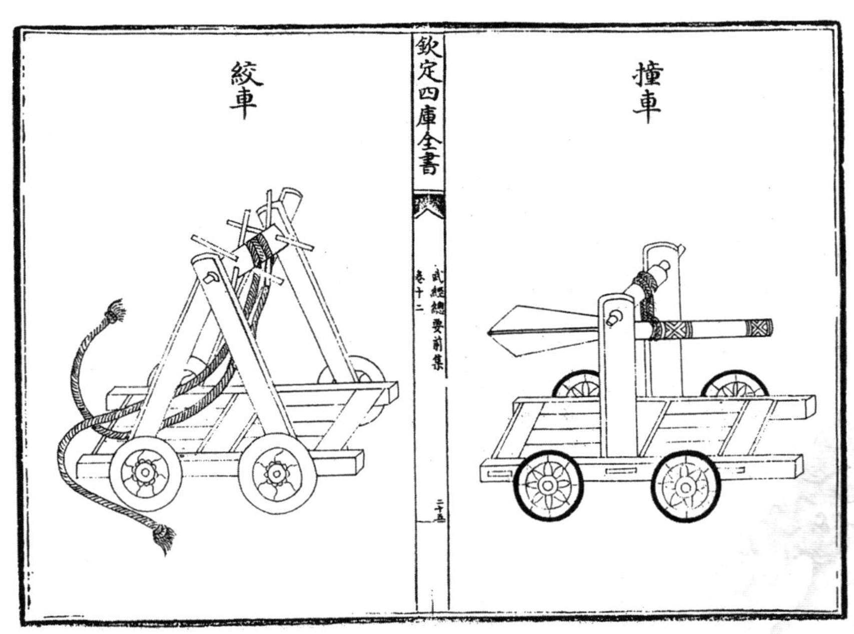

《武經總要》에 실려 있는 고대 각종 전투 장비

이길 수 없을 때는 지켜라

이겨낼 수 없을 때에는 지켜야 하며, 이길 수 있다고 판단되면 공격하는 것이다. 수비하는 것은 부족할 때 취하는 책략이며, 공격이란 우리가 여유 있을 때 하는 것이다. 잘 지켜내는 자는 자신을 아홉 겹 땅 속에 숨어 있는 것과 같이 하고, 공격을 잘하는 자는 자신을 아홉 길 하늘에서 내려오듯이 행동한다. 그러므로 이렇게 해야 능히 자신을 보존하고 온전한 승리를 거둘 수 있는 것이다.

不可勝者, 守也; 可勝者, 攻也. 守則不足, 攻則有餘. 善守者, 藏於九地之下; 善攻者, 動於九天之上.
故能自保而全勝也.

【不可勝者, 守也】 내가 적을 이길 수 없다고 판단하였을 때는 지키고 있는 것이 유리하다는 뜻.
【守則不足, 攻則有餘】 아마 문장이 바뀐 것이 아닌가 한다. 漢簡에는 "守則有餘, 攻則不足"으로 되어 있다. 그리고 《漢書》 趙充國傳에도 "臣聞兵法, 攻不足者守有餘"라 하였고, 《後漢書》 馮異傳에도 "夫攻者不足, 守者有餘"라 하였으며, 《潛夫論》 救邊에도 "攻常不足而守恒有餘也"라 하였다. 그리고 明 茅元儀의 《武備志》에도 역시 "約束已定, 需備已具, 隨其所攻, 應之裕如. 以此待敵, 所謂

有餘於守也. 先哲成法不可廢矣"라 하였다. 따라서 "수비에는 여유가 있지만 공격할 때는 부족하다"로 풀이되어야 한다.

【九地·九天】 九는 아주 많은 수를 뜻할 뿐 구체적인 숫자는 아님. 九地는 아주 깊은 땅, 九天은 아주 높은 하늘을 뜻한다. 즉 수비에 능한 자는 아주 깊은 땅 속에 묻힌 듯이 하고, 공격에 능한 자는 아주 높은 곳에서 내려오듯 막아낼 수 없도록 해야 한다는 뜻이다. 杜牧은 "守者, 韜聲滅迹, 幽比鬼神, 在於地下, 不可得而見之; 攻者, 勢迅聲烈, 疾若雷電, 如來上天, 不可得而備也. 九者, 高深數之極"이라 하였고, 梅堯臣은 "九地言深不可知, 九天言高不可測, 蓋守備密而攻取迅也"라 하였으며, 張預는 "藏於九地之下, 喩幽而不可知也; 動於九天之上, 喩來而不可備也"라 하였다.

평범한 예측은 아무런 쓸모가 없다

승리를 예견함이 뭇사람이 알고 있는 바를 넘어서지 못하는 정도라면 이는 잘하는 것 중의 잘하는 것이 아니며, 전쟁을 통하여 승리를 거두어 천하가 모두 잘했다고 할지라도 이는 잘하는 것 중의 잘하는 것이 아니다. 그러므로 가을털 하나를 드는 것을 두고 힘이 세다고 할 수 없고, 해나 달을 볼 수 있는 것을 두고 밝은 눈이라 할 수 없으며, 우레 소리를 듣는 것을 두고 귀가 밝다고 할 수 없는 것이다. 옛날 소위 전투를 잘하는 자가 승리한다고 하는 것은 쉬운 상대를 이겨 승리한 자들이다.

그러므로 전투에 뛰어난 자의 승리는 지혜로운 명성이 없고 용감한 공을 세운 것이 없다. 그러므로 그 전투에서 승리한 것은 실수가 없었던 것일 뿐이다. 실수가 없다고 하는 것은 그들이 조치한 것이 반드시 승리를 거두게 되어 있는 것이었으며, 그 승리는 상대가 이미 패배할 수밖에 없는 데에서 시작된 것이다.

그러므로 전투에 능한 자는 아군이 패배할 수 없는 기초 위에 서서 적이 패배할 수밖에 없는 경우를 놓치지 않는다.

이 까닭으로 승리할 수 있는 군대는 모두가 이미 승리할 수 있는 조건을 만들고 나서 그 다음에 전쟁의 방법을 택하는 것이며, 싸움에 패하는 군대는 먼저 싸움부터 하고 그 뒤에 승리를 구하는 자들이다.

용병에 뛰어난 자는 도를 닦아 법을 보전한다. 그 때문에 능히 승패의 결정권을 스스로 쥘 수 있게 되는 것이다.

見勝不過衆人之所知, 非善之善者也; 戰勝而天下曰善, 非善之善者也.

故擧秋毫不爲多力, 見日月不爲明目, 聞雷霆不爲聰耳.

古之所謂善戰者勝, 勝易勝者也.

故善戰者之勝也, 無智名, 無勇功.

故其戰勝不忒. 不忒者, 其所措必勝, 勝已敗者也.

故善戰者, 立於不敗之地, 而不失敵之敗也.

是故勝兵先勝而後求戰, 敗兵先戰而後求勝. 善用兵者, 修道而保法, 故能爲勝敗之政.

【秋毫】 아주 미세함을 뜻함. 짐승은 가을에 털갈이를 하여 그 끝이 매우 가늘어 이를 미세함의 뜻으로 대치하여 사용함. 《孟子》 梁惠王(上)에 "吾力足以擧百鈞, 而不足以擧一羽; 明足以察秋毫之末, 而不見輿薪"라 하였고 그 注에 "毛至秋而末銳, 小而難見也"라 하였다.

【忒】 漢簡에는 '差'로 되어 있다. 따라서 본문의 '不忒'은 '不差'와 같다. 差는 差失, 失誤, 실수의 뜻이다.

【不失敵之敗也】 적을 패배시킬 기회를 놓쳐서는 안 됨을 말한다.

【修道】 여기에서의 道는 法을 말한다. 〈計篇〉에 "道者, 令民與上同意也"라 하여 상하가 서로 공지하고 뜻을 같이하는 법을 말한다.

【勝敗之政】 승패를 결정할 수 있는 정책. 이를 미리 주동적으로 환경과 조건을 마련하여 결정권을 확보함.

024(4-4)
병법의 다섯 가지

병법에 첫째는 탁度이요, 둘째는 양量이며, 셋째는 수數, 넷째는 칭稱, 다섯째는 승勝이다.

지형은 탁을 낳으며 탁은 양을 낳고, 양은 수를 낳으며, 수는 칭을 낳고, 칭은 승을 낳는다.

그러므로 승리를 거두는 용병은 마치 일鎰의 큰 단위로써 수鉄의 미세한 단위에 대칭시키는 것과 같고, 패배하는 용병은 작은 단위인 수로써 큰 단위의 일에 대칭시키는 것과 같다. 승리하는 자의 백성들은 마치 천 길 계곡에 모아 두었던 물을 한꺼번에 터뜨리는 것과 같으니 이것이 바로 형形이다.

兵法: 一曰度, 二曰量, 三曰數, 四曰稱, 五曰勝.

地生度, 度生量, 量生數, 數生稱, 稱生勝.

故勝兵若以鎰稱鉄, 敗兵若以鉄稱鎰. 勝者之戰民也, 若決積水於千仞之谿者, 形也.

【度】 길이와 높낮이, 폭을 헤아려 재어 보고 따져 보는 것을 말한다.《禮記》明堂位에 "度爲丈尺·高卑·廣狹也"라 하였다. '탁'으로 읽는다. '촌탁(忖度)하다'의 뜻이다.

【量】《漢書》律曆志에 "量者, 龠·合·升·斗·斛也. 所以量多少也"라 하였고, 賈林은 "人力多少, 倉廩虛實"이라 하였다. 여기서는 물자의 다소를 헤아림을 뜻한다.

【數】《管子》七法에 "剛柔也, 輕重也, 大小也, 虛實也, 多少也, 謂之計數"라 하여 전투의 실력, 사기, 군사의 숫자 등 모든 면에서 따져 봄을 뜻한다.

【稱】원래 무게를 다는 저울이다. 여기서는 경중을 따져 봄을 뜻한다. 賈林은 "旣知衆寡, 兼知彼我之德業輕重, 才能之長短"이라 하였다.

【勝】승부와 우열에 대한 정황. 曹操는 "勝敗之政, 用兵之法, 當以此五事稱量, 知敵之情"이라 하였다.

【鎰·銖】고대 양을 재는 단위. 24銖가 1兩이며 24兩이 1鎰이라 함.

【仞】고대 길이 단위. 8척이 1인이며 약 한 길이 됨.

【戰民】民은 전투에 연관된 모든 백성. 혹은 民을 卒로 보기도 함.

【谿】골짜기. 杜牧은 "夫積水在千仞之谿, 不可測量, 如我之守不見形也; 及決水下, 湍悍奔注, 如我之攻不可御也"라 하였고, 梅堯臣은 "水決千仞之谿, 莫測其迅; 兵動九天之上, 莫見其迹. 此軍之形也"라 하였다.

【形】형세. 자신이 만들어 낸 강약의 환경과 조건. 〈形勢篇〉에 "治亂, 數也; 勇怯, 勢也; 强弱, 形也"라 함.

손
자

5. 세편勢篇

　'세勢'란 세력을 뜻한다. 충격의 강도와 사병의 기세, 환경과 조건의 형세 등을 가리키며, 앞의 '형편形篇'과 표리관계를 이루고 있다. 문장 전체는 기정奇正의 전법을 논술하고 있으며, 영활靈活한 변화에 정도正道와 기묘奇妙를 적절히 배합한 작전, 장수의 탁월한 지도력을 바탕으로 승리를 도모해야 한다는 것이다. 아울러 행동에 절조가 있어야 하며, 용맹을 우선하되 신중함을 함께 갖추어야 한다는 주장을 펴고 있다.

기정奇正과 허실虛實

손자가 말하였다.

무릇 많은 무리를 다스릴 때는 마치 적은 수의 사람을 다루듯이 해야 한다. 바로 그 수를 나누는 것이 바로 이것이다.

많은 무리와 전투를 할 때는 마치 적은 무리와 싸움을 벌이듯이 해야 한다. 바로 그 이름을 지어 주는 것이 이것이다.

삼군의 무리를 통솔하면서 그들로 하여금 반드시 적을 마주하여 패하는 경우가 없도록 하는 것이 바로 기정奇正이며, 적을 향해 병력을 투입하여 증가시키되 마치 돌멩이로 달걀을 치듯이 하는 것이 바로 허실虛實이다.

孫子曰: 凡治衆如治寡, 分數是也;

鬪衆如鬪寡, 形名是也;

三軍之衆, 可使必受敵而無敗者, 奇正是也;

兵之所加, 如以碬投卵者, 虛實是也.

【分數】 군의 편제를 말함. 曹操 주에 "部曲爲分, 什伍爲數"라 함. 여기서는 군의
편제를 잘 활용하여 전투에 대비함을 뜻함.

【鬪衆·鬪寡】 鬪衆은 대부대의 전투이며 鬪寡는 소부대의 전투를 말함.

【形名】 군대의 편제와 명칭. 《尉繚子》制談에 "凡兵制必先定. 制先定則士不亂,
士不亂則形乃明"이라 하였고, 《孫臏兵法》奇正에 "分定則有刑(形)矣, 刑定則
有名. 有刑之徒, 莫不可名; 有名之徒, 莫不可勝"이라 하였으며, 曹操 주에는
"旌旗曰形, 金鼓曰名"이라 함.

【奇正】 고대 병법 중에 가장 중요하며, 자주 거론되는 상대적 대립 개념으로
모략과 전법 등에 널리 쓰이는 용어. 즉 일반적이며 상식적인 것을 일러 '正'이라
하며, 특수하고 기이한 방법, 의외의 작전 등을 '奇'라 함. 《孫臏兵法》奇正篇에
"奇發而爲正, 其未爲發者, 奇也"라 하였으며, 《唐太宗李衛公問對》에는 "太宗曰:
吾之正, 使敵視以爲奇; 吾之奇, 使敵視以爲正, 斯所謂形人者歟? 以奇爲正,
以正爲奇, 變化莫測, 斯所謂無形者歟?"라 함.

【碬】 칼과 무기를 가는 숫돌.

【虛實】 병법에 늘 거론되는 술어. 기정과 같은 맥락의 군사 상황을 활용하는
방법으로 '虛虛實實'의 병법. 혹은 '以實擊虛'의 용병술이라 함.

변화에 따른 상생相生

무릇 전투라고 하는 것은 정병正兵으로는 적과 마주쳐 싸우며 기모奇謀로써 승리를 거두어야 한다. 그러므로 기이한 모책을 내는 자는 그 무궁하기가 천지와 같으며 그 끊임없기가 강하江河와 같다. 끝을 맺으나 다시 시작하는 것은 해와 달이며, 죽었다가 다시 살아나는 것은 사시四時이다. 소리는 다섯 음계를 넘어서지 못하나 그 오성五聲의 변하는 무궁하여 모두 들어 낼 수가 없으며, 색은 다섯 가지를 넘지 못하나 그 오색五色의 변화는 무궁하여 다 보아 낼 수가 없으며, 맛은 다섯 가지를 넘어서지 못하나 그 오미五味의 변화는 모두 맛보아 낼 수가 없다. 마찬가지로 용병의 형세는 기정奇正을 넘어서지 못하나 그 기정의 변화는 그 끝을 다 헤아릴 수 없다. 기정의 상생相生은 마치 고리가 돌고돌아 그 끝이 없는 것과 같으니 누가 능히 이를 다해 낼 수 있겠는가?

凡戰者, 以正合, 以奇勝.

故善出奇者, 無窮如天地, 不竭如江河. 終而復始, 日月是也.

死而復生, 四時是也.

聲不過五, 五聲之變, 不可勝聽也.

色不過五, 五色之變, 不可勝觀也.

味不過五, 五味之變, 不可勝嘗也.

戰勢不過奇正, 奇正之變, 不可勝窮也. 奇正相生, 如循環之無端,
孰能窮之?

【正·奇】'正'은 정병. 정식 군대로 대응하는 상식적이며 정상적인 용병. '奇'는
　　상대가 예상하지 못하도록 의외의 작전, 기이한 전술, 상상 외의 전략 등으로
　　조건을 반전시키는 것.
【五聲】고대 五音調에서 宮商角徵羽를 뜻하며 여기에 變宮, 變徵가 있어 이를
　　묶어 七音이라 함.
【五色】靑(東, 木), 黃(中, 土), 赤(南, 火), 白(西, 金), 黑(北, 水)을 뜻하며 흔히
　　五行, 方位 등과 연관지어 해석함.
【五味】酸, 甘, 苦, 辣, 鹹을 말하며 기본적인 다섯 가지 맛.
【奇正相生】奇와 正이 서로 계속하여 생성소멸하며 순환함.
【循環】둥그런 고리. 계속 이어져 그 끝이 없음을 말함.

027(5-3)
격한 물살

격한 물살이 들이쏟아 돌을 떠내려갈 정도에 이르는 것이 세勢이며, 새매가 쏜살같이 들이쳐 먹이를 꺾어 부러뜨리는 것이 절節이다. 이 까닭으로 전투에 능한 자는 그 세는 험하고 그 절은 순간적이다. 세는 마치 잔뜩 당긴 활과 같고, 절은 마치 그 기회를 포착하여 발사하는 것과 같은 것이다.

激水之疾, 至於漂石者, 勢也;
鷙鳥之疾, 至於毀折者, 節也.
是故善戰者, 其勢險, 其節短. 勢如彍弩, 節如發機.

【鷙鳥】새매. 맹금류의 날랜 새.
【彍弩】힘껏 당겨 가장 센 힘을 발휘할 준비가 되어 있는 큰 활.

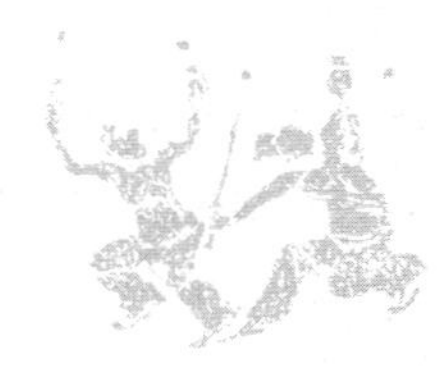

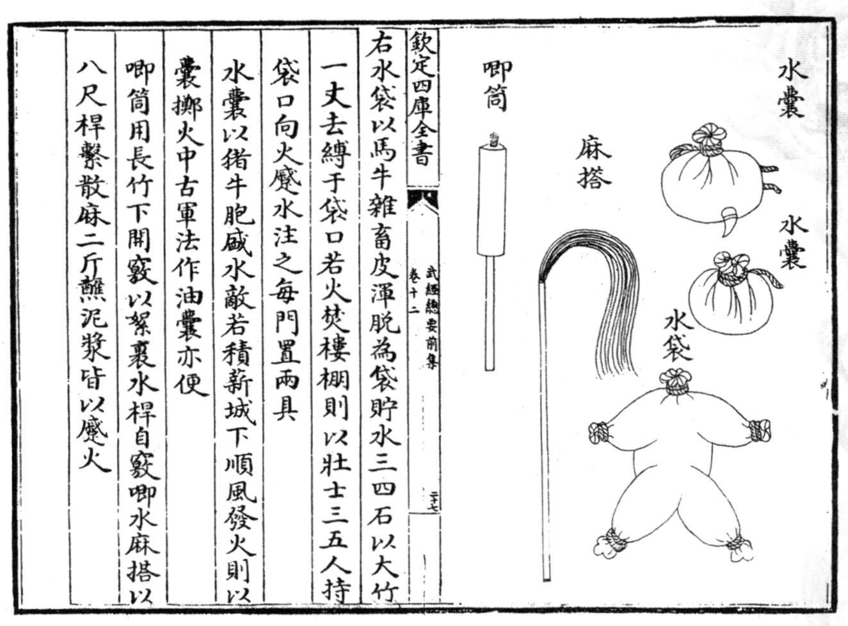

《武經總要》에 실려 있는 고대 각종 전투 장비

028(5-4)
적을 동요시켜라

온갖 깃발과 사람, 말과 전차가 뒤엉켜 전투를 벌이되 그 혼란 속의 싸움을 혼란하게 하지 않으며, 전장에서 갈팡질팡 어찌할 바를 모르되 그 진형을 원만하게 형태를 갖추어 패배함이 없도록 해야 한다.

혼란은 다스림에서 생기며, 겁은 용감함에서 생기고, 약함은 강함에서 생긴다.

치란은 수數이며, 용겁은 세勢이며 강약은 형形이다.

그러므로 적을 잘 동요시키는 자는 아군의 강한 형태를 보여 주는 것으로서 하여 적으로 하여금 틀림없이 이를 따를 수밖에 없도록 유도하고, 작은 이익으로 유혹하여 적으로 하여금 그 먹이에 반드시 걸려들도록 하며, 이러한 방법으로 적을 동요시키되 그 근본으로써 기다린다.

紛紛紜紜, 鬪亂而不可亂也. 渾渾沌沌, 形圓而不可敗也.

亂生於治, 怯生於勇, 弱生於彊.

治亂, 數也; 勇怯, 勢也; 强弱, 形也.

故善動敵者, 形之, 敵必從之; 予之, 敵必取之.

以此動之, 以卒待之.

【紛紛紜紜】분운을 강하게 표현한 말. 분운은 첩운연면어. 여기서는 뒤엉켜 싸우는 상태를 말함. 깃발과 사람, 말과 전차 등이 뒤섞여 혼잡함.

【渾渾沌沌】混沌을 강하게 표현한 말. 혼돈은 천지의 미분화 상태의 카오스 상태와 같음. 疊韻連綿語.

【動敵】적을 동요하게 만듦.

【以卒待之】杜牧은 "以利動敵, 敵旣從我, 則嚴兵以待之"라 하였으며 梅堯臣은 "則以精卒待之"라 하여 졸을 '嚴兵·精卒'로 보았으나《武經七書》의《孫子》에는 "以本待之"로 되어 있음. 따라서 "근본으로서 이를 기다린다"와 "아군의 정졸을 배치하여 이를 기다린다"의 두 가지 해석이 가능하다.

029(5-5)
산 위에서 돌 굴리듯

그러므로 전투에 능한 자는 세勢에서 모든 것을 찾으며 자신의 부하들에게 책임을 돌리지는 않는다. 그 때문에 능히 사람을 택하여 그 세의 임무를 맡기는 것이다.

세에 임무를 맡기는 자는 그 사병을 마치 나무나 돌을 굴려 옮기듯 한다. 나무와 돌의 성질이란 그냥 그 자리에 두면 조용히 있지만 위험한 경우에 처하게 하면 움직이며, 모가 나면 더 구르지 않고 멈추지만 둥글면 굴러 움직인다.

그러므로 사병의 세를 잘 운용함은 마치 천 길 산 위에서 둥근 돌을 굴리는 것과 같은 것이니 이것이 세이다.

故善戰者, 求之於勢, 不責於人, 故能擇人而任勢.

任勢者, 其戰人也, 如轉木石. 木石之性, 安則靜, 危則動, 方則止, 圓則行.

故善戰人之勢, 如轉圓石於千仞之山者, 勢也.

【責於人】 부하에게 그 책임을 돌림.
【戰人】 '戰民'과 같음. 사병을 통솔하여 작전을 폄을 뜻함.

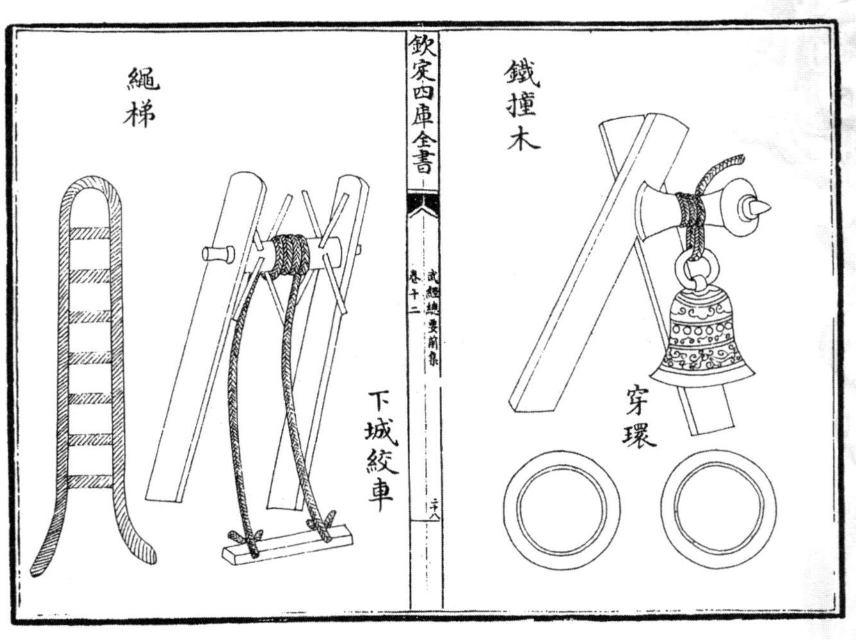

《武經總要》에 실려 있는 고대 각종 전투 장비

손자

6. 허실편虛實篇

 '허실虛實'은 중국 고대 용병술에 있어서 매우 중요한 술어이다. '허虛'는 병력의 분산과 박약함을 뜻하며, '실實'은 병력의 집중과 강대함을 말한다. 따라서 '실한 적은 피하고 허할 때 공격避實而擊虛' 하며 '적의 상황을 근거로 승리를 주동적으로 만들어 냄因敵而制勝'의 원리를 주장하고 있다.

030(6-1)
유리한 전장戰場을 선점하라

손자가 말하였다.

두릇 먼저 전장을 선점하고 적을 기다리는 자는 편안하고, 나중에 전장에 나타나 전투에 달려드는 자는 노고롭게 마련이다.

그러므로 전투에 능한 자는 남을 오도록 하지, 남에게 이끌려 나타나지는 않는다.

孫子曰: 凡先處戰地而待敵者佚, 後處戰地而趨戰者勞. 故善戰者, 致人而不致於人.

【先處戰地而待敵者佚】 '佚'은 '逸'과 같음. '勞'와 상대되는 의미. 이 구절에 대하여
張預는 "形勢之地, 我先據之, 以待敵來, 則士馬閑逸, 而力有餘"라 함.
【趨】 梅堯臣은 "先至待敵則力完, 後至趨戰則力屈"이라 하였고 張預는 "便利之地,
彼已據之, 我方趨彼以戰, 則士馬勞倦而力不足"이라 함.

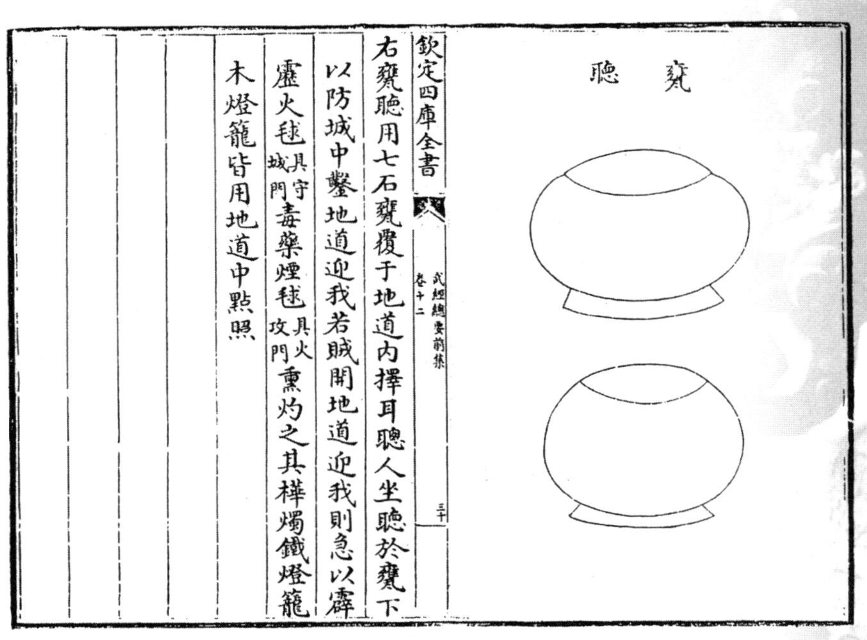

《武經總要》에 실려 있는 고대 각종 전투 장비

031(6-2)
적을 노고롭게 하라

능히 적으로 하여금 내가 기다리고 있는 곳으로 이르게 하는 것은 이익으로써 그렇게 하는 것이며, 능히 적으로 하여금 내가 있는 곳에 이르지 않게 하는 것은 그들이 해롭다 여기게 하는 것 때문이다.

그러므로 적이 편안할 때 능히 그들을 노고롭게 하고, 그들이 배부를 때 능히 주리게 하며, 그들이 안정되어 있을 때 능히 동요하게 하는 것은 그들이 그렇게 대들 수밖에 없는 것을 내놓아야 하며 (그들이 생각하지 못한 바 때문에 나서는 것이다) 천 리 먼 길을 행군하고도 피로하지 않은 자는 사람이 없는 지역을 행군하기 때문이다. 공격하였다 하면 반드시 취할 수 있는 것은 적이 지키지 않는 바를 공격하기 때문이요, 지켜냈다 하면 반드시 견고하게 해 내는 것은 적이 공격하지 못하는 바를 수비하고 있기 때문이다.

能使敵人自至者, 利之也;

能使敵人不得至者, 害之也.

故敵佚能勞之, 飽能飢之, 安能動之者, 出其所必趨也.（趨其所不意.）

行千里而不勞者, 行於無人之地也.

攻而必取者, 攻其所不守也;

守而必固者, 守其所不攻也.

【害之】 적을 견제함을 뜻함.

【安能動之者, 出其所必趨也. (趨其所不意)】〈商務印書館本〉에는 "安能動之,
　出其所必趨, 趨其所不意"로 되어 있음.

【必趨】 적이 달려가 구원을 청하려 하는 곳.

【不攻】 杜牧은 "不攻尙守, 何況其攻乎!"라 하였고, 梅堯臣은 "敵擊我西, 亦備乎東"
　이라 함.

032(6-3)
적의 목숨을 내가 쥐고

　그러므로 공격을 잘하는 자는 적이 그 지킬 바를 알 수 없도록 하며,
수비를 잘하는 자는 적이 그 공격할 바를 알 수 없도록 하는 것이다.
　미묘하고 미묘하도다! 그 형태가 없는 곳까지 이르름이여. 신비하고
신비하도다! 소리가 없는 곳까지 이르름이여.
　그러므로 능히 적의 목숨을 내가 쥐고 있게 되는 것이다.

　故善攻者, 敵不知其所守; 善守者, 敵不知其所攻.
　微乎微乎! 至於無形; 神乎神乎! 至於無聲.
　故能爲敵之司命.

【微乎】‘微妙하도다’의 뜻.
【司命】원래 별 이름으로 《史記》 天官書에 “斗魁戴匡六星曰文昌宮, 一曰上將,
　二曰次將, 三曰貴相, 四曰司命, 五曰司中, 六曰司祿”이라 하였으며 《周禮》
　春官 宗伯 鄭玄 注에 “以槱燎祀司中·司命·觀師·雨師. 鄭玄注云: 鄭司農(衆)云:
　‘司中, 三能, 三階也. 司命, 文昌宮星. 風師, 箕也. 雨師, 畢也.’”라 하였다.
　이 별은 인간의 災咎와 生死를 주관한다.

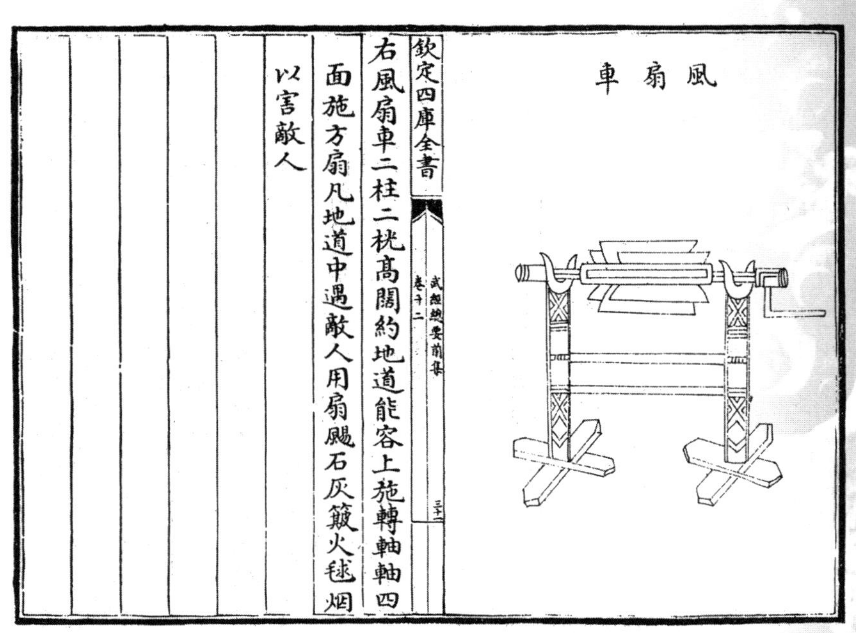

《武經總要》에 실려 있는 고대 각종 전투 장비

아군을 방어해 낼 수 없도록 하는 것은

　　진군하여 적으로 하여금 능히 아군을 방어하지 못하게 하는 것은 적의 빈 곳을 쳐들어가기 때문이며, 물러설 때 적이 아군을 추격하지 못하게 하는 것은 속도가 빨라 아군을 따라오지 못하게 하기 때문이다. 그러므로 아군이 전투를 하고자 하면 적이 비록 높은 보루에 깊은 구학을 파 놓고 있다 해도 아군과 더불어 싸우겠다고 나서지 않을 수 없도록 하는 것은, 적들이 자신들은 틀림없이 구원救援이 있다고 여기기 때문이다. 그런가 하면 아군이 그들과 전투를 벌이지 않고자 지역을 구별하여 이를 수비하고 있을 때, 적이 아군과 더불어 전투를 벌일 수 없도록 하는 것은, 그들이 나설 바를 허물어 그 모책을 어그러뜨리기 때문이다.

進而不可禦者, 衝其虛也; 退而不可追者, 速而不可及也.
故我欲戰, 敵雖高壘深溝, 不得不與我戰者, 攻其所必救也;
我不欲戰, 畫地而守之, 敵不得與我戰者, 乖其所之也.

【高壘深溝】 방어용 堡壘와 溝壑을 높고 깊게 설치함.
【乖】 속여서 허물어 버림.

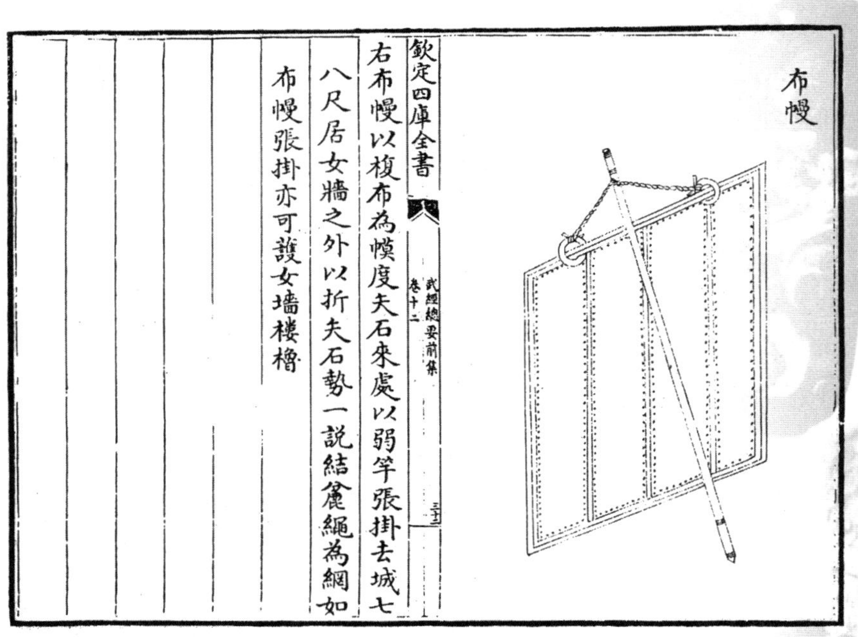

《武經總要》에 실려 있는 고대 각종 전투 장비

034(6-5)
형세를 드러내어 보이지 말 것

그러므로 적이 자신의 형세를 드러내어 보일 때, 아군은 형세를 드러내어 보이지 않으면, 아군은 전력을 기울일 수 있으나 적은 분산되고 만다. 아군이 한 가지에 전력을 기울이고 적은 열 가지로 분산되는 것, 이것이 열로써 하나를 치는 것이니 그렇게 되면 아군은 많고, 적은 수가 적어지게 된다. 또 능히 많은 무리로써 적은 숫자의 적을 공격하게 되면, 우리와 더불어 전투를 벌이는 적을 묶어 곤궁하게 해 놓는 것이 된다. 내가 적과 전투를 벌이는 지역에 대하여는 자세히 알지 않으면 안 되니 만약 자세히 알지 못한다면, 적은 그 수비하는 자가 많게 된다. 적의 수비하는 자가 많으면, 당연히 우리로서 그 전투에 임하는 자가 숫자로 보아 적을 수밖에 없다.

그러므로 앞을 수비하면 뒤가 적게 되고 뒤를 수비하면 앞이 적게 되며, 왼쪽을 수비하면 오른쪽이 적게 되고 오른쪽을 수비하다 보면 왼쪽이 적게 된다. 이처럼 수비하지 않을 바가 없게 되어 어느 곳이나 숫자가 적어지지 않는 곳이 없게 된다.

숫자가 적다는 것은 피동적으로 적을 수비하고자 하기 때문이요, 많다고 하는 것은 적으로 하여금 우리를 수비하도록 하기 때문이다.

故形人而我無形, 則我專而敵分; 我專爲一, 敵分爲十, 是以十擊其一也, 則我衆而敵寡; 能以衆擊寡者, 則吾之所與戰者, 約矣. 吾所與戰之地, 不可知; 不可知, 則敵所備者多, 敵所備者多, 則吾之所戰者, 寡矣.

故備前則後寡, 備後則前寡, 備左則右寡, 備右則左寡, 無所不備, 則無所不寡. 寡者, 備人者也; 衆者, 使人備己者也.

【形人而我無形】形人은 남에게 내 모습을 보이는 것. 속임수를 뜻함. 張預 주에 "吾之正, 使敵視之以爲奇; 吾之奇, 使敵視之以爲正, 形人者也. 以奇爲正, 以正爲奇, 變化紛紜, 使敵莫測, 無形者也"라 함.

【我專爲一, 敵分爲十, 是以十共其一也, 則我衆而敵寡】漢簡에는 "我專爲一, 敵分爲十, 是以十擊一也. 我寡而敵衆, 能以寡擊衆"이라 함.

【約】'곤궁하다, 窮約하다'의 뜻.

지형과 날씨를 살펴라

그러므로 싸워야 할 지형을 알고, 싸워야 할 날의 상태를 알게 되면, 천 리 밖에서도 전투를 치를 수 있으나, 싸울 땅도 모르고, 싸울 날도 모른다면 왼쪽이 오른쪽을 구원해 낼 수가 없고, 오른쪽이 왼쪽을 구원해 내지 못하며, 앞이 뒤를 구원해 내지 못하고, 뒤가 앞을 구해 내지 못할 것이니, 하물며 멀리 몇십 리 밖이나 가까이 몇 리 근처라 해도 어찌 가능하겠는가?

나의 헤아림으로 보건대, 월越나라 사람들이 그 병력이 비록 많다 해도 역시 승패에 무슨 보탬이 되겠는가?

그러므로 승리는 가히 만들어 낼 수 있는 것이니, 적이 비록 수가 많다 해도 그들로 하여금 전투력을 상실하게 할 수 있다고 한 것이다.

故知戰之地, 知戰之日, 則可千里而會戰;

不知戰地, 不知戰日, 則左不能救右, 右不能救左, 前不能救後, 後不能救前, 而況遠者數十里, 近者數里乎?

以吾度之, 越人之兵雖多, 亦奚益於勝敗哉?

故曰: 勝可爲也. 敵雖衆, 可使無鬪.

【度】헤아림. 忖度의 뜻.

【越人】월나라 사람. 남방을 뜻함. 병력이 많은 어떤 나라를 지칭한 것임.

【勝可爲也】漢簡에는 "勝可擅也"로 되어 있음.

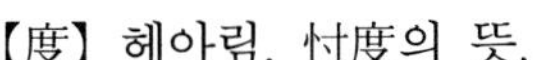

036(6-7)
같은 전략은 두 번 쓰지 않는다

그러므로 묘책을 세우되 득실을 계산하여 이를 알아야 하고, 작전을 세우되 동정動靜의 이치를 알고 있어야 하며, 형세를 마련하되 사생의 지형을 알고 있어야 하며, 이를 비교하여 분석하되 그 여유와 부족한 곳을 알고 있어야 한다.

따라서 병력의 형세에 대한 끝은 형세 없음에 이르러야 하나니, 형세의 드러남이 없으면 깊이 숨겨 둔 간자라 해도 능히 이를 엿볼 수 없고, 아무리 지혜로운 적이라 해도 모책을 짤 수가 없게 된다.

형세에 의해 승리를 여러 사람 앞에 드러내어 펼쳐 보여주어도 많은 사람들이 능히 이를 알지 못하나니, 사람들 누구나 내가 승리하게 된 형세의 결과는 알 수 있으나, 내가 어떻게 승리하였는지 그 형세의 제어制御에 대하여는 알 수 없게 된다.

그러므로 그 전투에서 승리한 것을 두 번 다시 똑같이 쓸 수는 없는 것으로, 그 형세에 대한 응용은 무궁한 것이다.

故策之而知得失之計, 作之而知動靜之理, 形之而知死生之地, 角之
而知有餘不足之處.
　故形兵之極, 至於無形, 無形則深間不能窺, 智者不能謀.
　因形而錯勝於衆, 衆不能知; 人皆知我所以勝之形, 而莫知吾所以
制勝之形.
　故其戰勝不復, 而應形於無窮.

【策】책략을 짬. 여기서는 분석하고 연구함을 뜻함.
【角】헤아려 비교해 봄.
【形兵】적에게 드러내어 적이 미혹하도록 하는 병법.《淮南子》兵略訓에 "兵之
　極也, 至於無刑(形), 可謂極之矣"라 함.
【錯】置와 같음. 설치, 배치함.
【制勝】승리를 이루기 위한 형세에 대한 제어.
【應形於無窮】李筌은 "不復前謀以取勝, 隨宜制變也"라 함.

용병은 물과 같은 것

무릇 용병의 형세는 물과 같은 것으로, 물의 흐름이란 높은 곳을 피하고 낮은 곳으로 내려간다. 마찬가지로 용병에서의 형세란 실제를 피하고 빈 곳을 치는 것이다. 물은 지형에 따라 흐름을 제어하고, 용병은 적의 상황에 따라 승리를 제어한다.

그러므로 용병에서 언제나 똑같은 세勢란 있을 수 없고, 물이란 언제나 똑같은 모습을 가지고 있을 수가 없는 것이니, 능히 상대에 따라 변화하여 승리를 얻어내는 자를 일러 신神이라 일컫는다.

따라서 오행五行에서 항상 승리하는 것이란 없고, 사시四時는 항상 같은 위상을 지키는 것이란 없으며, 해의 길이도 장단이 있고, 달도 차고 기우는 사생死生이 있는 것이다.

夫兵形象水, 水之行, 避高而趨下;

兵之形, 避實而擊虛, 水因地而制流, 兵因敵而制勝.

故兵無常勢, 水無常形, 能因敵變化而取勝者, 謂之神.

故五行無常勝, 四時無常位, 日有短長, 月有死生.

【兵無常勢, 水無常形】 병법에 고정된 것이 없음은 마치 물이 고정된 형태가 없는 것과 같음을 말함. '隨宜制變'과 같음.

【五行】 고대 만물을 분류하여 상징적으로 해석한 하나의 방법. 木火土金水를 기본으로 하여 相生과 相勝(相克)의 상호 관계와 순환을 따지기도 하였음. 즉 相生은 "木生火, 火生土, 土生金, 金生水, 水生木"이며, 相克은 "金克木, 木克土, 土克水, 水克火, 火克金"을 말함. 한편 이는 방위, 五色·五音·五常·五臟·季節·五事·五音(發音部位) 등 여러 가지와 연관지어 陰陽五行家의 기본적인 철학이기도 하였음. 즉 木(東, 靑, 角, 仁, 肝, 春, 貌, 牙)·火(南, 赤, 徵, 禮, 心, 夏, 聽, 舌)·土(中, 黃, 羽, 信, 脾, 季夏, 思, 脣)·金(西, 白, 商, 義, 肺, 秋, 言, 齒)·水(北, 黑, 宮, 智, 腎, 冬, 視, 喉)로 대비하여 설명하였음.

손
자

7. 군쟁편 軍爭篇

'군쟁軍爭'은 두 군대가 서로 유리한 지형을 차지하며 결국 승리를
이끌어 낼 수 있는 조건들을 말한다. 전쟁에서 주도권을 먼저 차지하는
것이 가장 중요함을 주장하고 있다. 그리하여 기선을 잡고 능동적으로
여러 조건을 만들어 대비하되 작전 지휘상 상법常法과 변법變法을
적절히 배합하여야 함을 강조하고 있다.

먼 길을 돌아

손자가 말하였다.

무릇 용병 방법이란 장수는 임금에게 명을 받아 군사를 합하고 무리를 취합하여, 서로 진지와 보루를 만들어 마주하여 숙영하되, 이러한 일 중에 군대가 서로 투쟁하는 실제 전투가 가장 어려운 일이다.

전투에서의 어려움이란 돌아가는 길을 질러가는 길로 여기고, 환난을 이익으로 삼는 일이다.

그러므로 적으로 하여금 돌아가게 하되 이익으로 이를 유인하며, 적보다 나중에 출발하였으나 적보다 먼저 이르러야 하나니, 이것이 먼 길을 돌아가는 것과 가까운 길을 질러가는 계책을 아는 것이다.

孫子曰: 凡用兵之法, 將受命於君, 合軍聚衆, 交和而舍, 莫難於軍爭.
軍爭之難者, 以迂爲直, 以患爲利.
故迂其途, 而誘之以利, 後人發, 先人至, 此知迂直之計者也.

【合軍聚衆】曹操 주에 "聚國人, 結行伍, 選部曲, 起營爲軍陣"이라 하였고, 梅堯臣은 "聚國之衆, 合以爲軍"이라 함.
【交和而舍】두 군대가 서로 마주하여 보루를 쌓고 주둔함.

【後人發, 先人至】 적이 발동하기 전에 먼저 닿아 대비함. 梅堯臣은 "遠其途,
誘以利, 款之也. 後人發, 先其至, 爭之也. 能知此者, 變迂轉害之謀也"라 함.

무거운 장비는 버려라

그러므로 전쟁에서는 승리할 때도 있고 위험할 때도 있다. 군사가 모든 물자를 다 가지고 행군하면서 승리를 쟁취하고자 한다면 이는 불가능한 일이다. 그러나 군사가 군장을 가볍게 하여 승리를 쟁취하고자 한다면 그 싣고 가는 무거운 물건은 버려야 한다. 이렇게 해야 급할 때 갑옷을 거두어 빨리 행동할 수 있다. 그리고 낮이나 밤이나 한 곳에 정착하지 않고 속도를 배로 하여 행군한 채 백 리를 거쳐 승리를 쟁취하고자 한다면, 아군의 세 장수가 사로잡히는 위험을 안게 된다. 이러한 행군은 잘 걷는 자는 먼저 도착하지만 피로한 자는 뒤처져, 이러한 방법은 열에 하나만 그 장소에 이르고 만다.

오십 리를 거쳐 승리를 쟁취하고자 한다면 그 상장군上將軍이 다리를 절뚝거리게 될 것이요, 그 반밖에 그 장소에 이르지 못할 것이며, 삼십 리를 거쳐 승리를 쟁취하고자 한다면 그 3분의 2정도만이 그 장소에 도착하게 될 것이다.

이 까닭으로 군대에게 무거운 장비를 가지고 행군하게 하면 패망하게 되며, 식량이 없이 나서게 되면 패망하게 되며, 쌓아 둔 후방의 물자도 없이 행동하게 되면 패망하고 만다.

故軍爭爲利, 軍爭爲危. 擧軍而爭利, 則不及; 委軍而爭利, 則輜重捐.
是故卷甲而趨, 日夜不處, 倍道兼行, 百里而爭利, 則擒三將軍, 勁者先,
罷者後, 其法十一而至; 五十里而爭利, 則蹶上將軍, 其法半至;
　三十里而爭利, 則三分之二至. 是故軍無輜重則亡, 無糧食則亡, 無委
積則亡.

【軍爭爲利, 軍爭爲危】 전쟁은 승리할 때도 있으며 위험할 때도 있음.
【擧軍】 모든 군수 물자를 가지고 행군함. 梅堯臣은 "擧軍中所有而行, 則遲緩"라
　하였고, 張預는 "竭軍而前則行緩而不能及利"라 함.
【委軍】 군수 물자를 버림. 擧軍에 상대하여 쓴 말. 委棄함. 梅堯臣은 "委軍中所有
　而行, 則輜重棄"라 하였고, 張預는 "委軍輜重, 則軍資缺也"라 함.
【卷甲而趨】 무기를 거두어 급히 달아남.
【委積】 '委'는 적음(少), '積'은 많음(多)을 뜻함.《周禮》地官 遺人에 "遺人掌邦之
　委積, 以待施惠. 鄕里之委積. ……三十里有宿, 宿有路室, 路室有委; 五十里有市,
　市有侯館, 侯館有積"의 鄭玄 주에 "少曰委, 多曰積"이라 함.

군쟁軍爭의 방법

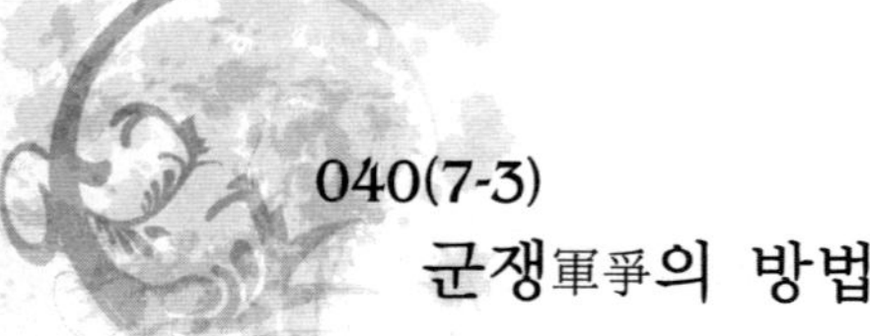

　그러므로 상대 제후의 모책을 알지 못하고는 능히 미리 그 나라와 외교를 맺을 수 없고, 산림山林·험조險阻·저택沮澤의 지형을 알지 못하고서는 능히 행군할 수 없으며, 향도를 쓰지 않고는 능히 지세의 이로움을 알아낼 수 없다.

　그러므로 용병이란 속임수로 일어서며, 이익에 의해 움직이며, 분합分合을 변화로 삼는 것이다. 따라서 그 빠르기는 바람과 같아야 하며 그 느리기는 수풀과 같아야 하고, 침범하여 약취掠取할 때는 불과 같으며, 알아내기 어렵기는 음陰과 같고 움직임은 우레와 같아야 한다.

　고을로 들어가 약취할 때는 무리를 나누어 보내며 지역을 분할할 때는 그 이익을 나누어 주어 권형權衡을 높이 달아 그에 따라 움직이도록 유도해야 한다.

　남보다 먼저 돌아가는 길과 곧바로 가는 길의 계책을 아는 자가 승리하는 것이니, 이것이 바로 군쟁軍爭의 방법이다.

故不知諸侯之謀者, 不能豫交;

不知山林·險阻·沮澤之形者, 不能行軍;

不用鄕導者, 不能得地利.

故兵以詐立, 以利動, 以分合爲變者也.

故其疾如風, 其徐如林, 侵掠如火, 不動如山, 難知如陰, 動如雷霆.

掠鄕分衆, 廓地分利, 懸權而動.

先知迂直之計者勝, 此軍爭之法也.

【豫交】 豫는 與와 같음.

【鄕導】 嚮導, 向導와 같음. 척후병. 앞서 나가 지형과 적정을 살피며 이를 판단하여 인도하는 임무를 맡은 자.

【難知如陰】 음은 어두움, 혹은 은폐됨. 은폐된 것을 찾듯이 어려움을 뜻함.

【其徐如林】 군대가 함께 움직여 행동이 느릴 때는 수풀처럼 森然하여야 함을 말함.

【掠鄕分衆】 적의 마을에 가서 약탈할 경우, 기습을 막고 그들의 계략에 걸려 들지 않도록 병사를 분산시켜 들어감.

【廓地分利】 적의 땅을 개척해 들어갈 때는 그 이익을 분명히 하여 나누어 줄 것을 약속하고 들어가야 함. 그렇지 않을 경우 아군의 불만을 사게 됨을 뜻함. 혹은 지형을 살펴 그 유리한 지형에 대하여 알맞게 안배해 주는 것이라고도 함.

【懸權而動】 이해득실에 대한 權衡을 분명히 하여 그에 따라 움직이게 함.

밤낮으로 각기 다른 신호

《군정軍政》이라는 책에 이렇게 말하였다.

말로는 서로 들리지 않으므로 그 때문에 북과 탁鐸을 사용하는 것이요, 보아도 서로 보이지 않으므로 그 때문에 정기旌旗를 사용하는 것이다.

무릇 금고金鼓와 정기는 병사의 이목을 하나로 하는 것이다. 병사가 이미 하나로 전일하게 되었다면 용감한 자라고 해서 홀로 앞서나갈 수 없고, 겁이 많은 자라고 해서 홀로 뒤로 물러설 수 없는 것이니, 이것이 무리를 통솔하는 방법이다. 그러므로 야간 전투에는 주로 금고를 사용하고, 주간 전투에는 주로 정기를 사용하니, 병졸의 이목이 낮과 밤에 따라 바뀌기 때문이다.

《軍政》曰: 言不相聞, 故爲鼓鐸.

視不相見, 故爲旌旗.

夫金鼓旌旗者, 所以一民之耳目也.

民旣專一, 則勇者不得獨進, 怯者不得獨退, 此用衆之法也.

故夜戰多金鼓, 晝戰多旌旗, 所以變民之耳目也.

【軍政】 옛날의 병법서. 지금은 전하지 않음. 梅堯臣은 "軍之舊典"이라 하였고 王晳은 "古軍書"라 함.

【金鼓】 전쟁에서의 전진과 후퇴에 쓰이는 지휘용 북이나 종. 《呂氏春秋》不二篇 "有金鼓, 所以一耳"의 高誘 주에 "金, 鐘也, 擊金則退, 擊鼓則進"이라 하였으며, 《管子》兵法에 "三官: 一曰鼓, 鼓所以任也, 所以起也, 所以進也; 二曰金, 金所以坐也, 所以退也, 所以免也"라 함.

【旌旗】 각 부대의 표지를 위한 깃발.

【民】 전쟁에 나선 병졸을 가리킴.

【變民之耳目】 병졸이 낮에는 눈으로는 보이므로 깃발을 사용하고, 밤에는 들을 수는 있으므로 북이나 쇠붙이 소리를 이용하여 그에 맞게 바꾸어 줌을 뜻함.

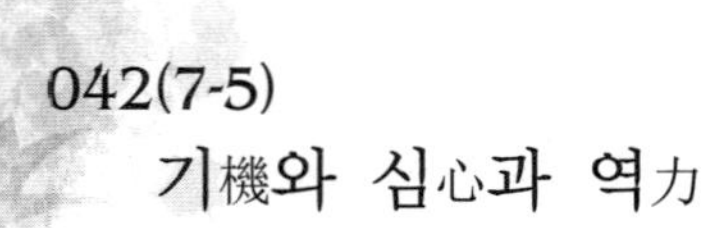

042(7-5)
기機와 심心과 역力

　그러므로 적의 삼군에게는 그들이 가진 기氣를 빼앗을 수 있으며, 적의 장수로부터는 그가 가진 마음을 빼앗을 수 있다.

　이 까닭으로 군사의 아침 기氣는 날카롭고, 낮이 되면 게을러지며, 저녁이면 돌아가고 싶은 생각을 갖게 된다. 따라서 용병에 뛰어난 자는 그 날카로운 기는 피하고, 그 태만하고 돌아가고 싶은 생각일 때 치는 것이니, 이것이 기氣를 다스리는 방법이다.

　나의 다스림으로 적의 혼란함을 기다리고, 나의 안정됨을 가지고 적의 시끄러움을 기다려야 하니, 이것이 마음(心)을 다스리는 방법이다.

　가까운 것으로 먼 것을 기다리며 나의 편안함을 가지고 적의 노고로움을 기다리며, 나의 배부름을 가지고 적의 주림을 기다리는 것이니, 이것이 상대의 힘(力)을 다스리는 방법이다.

　적의 정정正正한 깃발은 넘보지 않으며, 적의 당당한 진지는 치지 말아야 하니, 이것이 변화(變)를 다스리는 방법이다.

故三軍可奪氣, 將軍可奪心. 是故朝氣銳, 晝氣惰, 暮氣歸.

故善用兵者, 避其銳氣, 擊其惰歸, 此治氣者也.

以治待亂, 以靜待嘩, 此治心者也.

以近待遠, 以佚待勞, 以飽待飢, 此治力者也.

無要正正之旗, 勿擊堂堂之陣, 此治變者也.

【奪心】 적장의 결심을 동요시킴. 吳子 治兵에 "用兵之害, 猶豫最大, 三軍之災, 生於狐疑"라 함.

【避其銳氣, 擊其惰歸】 '銳氣'는 아침에 가지고 있는 적의 날카로운 사기. '惰歸'는 낮에는 태만하여 느긋함과 밤에 고향으로 돌아가고 싶어하는 마음을 가리킴.

【正正】 흐트러짐이 없이 질서정연한 적의 깃발. 뒤 구절의 '堂堂'에 상대하여 대구로 쓴 말.

【陣】 '陳'과 같음. 작전에서의 전투 陣形. 陣地. 陣營 등 군사 용어. 흔히 모든 병법서에 '陳'과 '陣'을 혼용하고 있으나 고대에는 '陳'자가 원자였음. 《論語》 衛靈公篇에 "衛靈公問陳於孔子. 孔子對曰:「俎豆之事, 則嘗聞之矣; 軍旅之事, 未之學也.」明日遂行. 在陳絶糧, 從者病, 莫能興. 子路慍見曰:「君子亦有窮乎?」 子曰:「君子固窮, 小人窮斯濫矣.」"이라 하였고, 集註에 "陳, 謂軍師行伍之列"라 하였다. 이 '陳'자가 '陣'자로 군사학에서 '진을 치다'는 전용어로 바뀐 것에 대한 이론은 상당히 많다. 이에 대하여 《顔氏家訓》 書證篇에는 다음과 같이 고증하고 있다.

『태공(太公)의 《육도(六韜)》에 천진(天陳)·지진(地陳)·인진(人陳)·운조지진 (雲鳥之陳) 등이 있다. 그리고 《논어(論語)》에 "위령공이 공자에게 진(陳)을 물었다"라 하였으며, 《좌전(左傳)》에는 "어려지진(魚麗之陳)을 치다"라 하였다. 그런데 속본에는 흔히 「阜」방에 거승(車乘)의 「거(車)」를 써서 「진(陣)」으로 쓴다. 생각건대 여러 진대(陳隊)는 모두가 진정(陳鄭)의 진(陳)자여야 한다. 무릇 행진(行陳)의 뜻은 진열(陳列)이란 말에서 취한 것이다. 이는 육서(六書) 중의 가차(假借)이다. 《창힐편(蒼頡篇)》과 《이아(爾雅)》 및 근세의 자서(字書) 에는 모두가 따로 별자(別字)가 없었다. 그런데 오직 왕희지(王羲之)의 〈소학장 (小學章)〉에만은 「阜(阝)」옆에 거(車)를 썼다. 비록 세속에 이미 통행되고는 있지만 그렇다고 이를 근거로 《육도》, 《논어》, 《좌전》을 고치는 것은 마땅치 않다.』(太公《六韜》, 有天陳·地陳·人陳·雲鳥之陳. 《論語》曰:「衛靈公問陳於孔子.」 《左傳》:「爲魚麗之陳.」 俗本多作阜傍車乘之車. 案諸陳隊, 並作陳·鄭之陳. 夫行 陳之義, 取於陳列耳, 此六書爲假借也, 《蒼》·《雅》及近世字書, 皆無別字; 唯王羲之 〈小學章〉, 獨阜傍作車, 縱復俗行, 不宜追改《六韜》·《論語》·《左傳》也.) 그러나 여기서 "王羲之의 〈소학장〉에서 그렇게 썼다"라 한 것은 羲義라는 사람이 쓴 것을 잘못 알아 왕희지의 저작이라고 한다. 趙曦明은 「《隋書》 經籍志:《小學篇》一卷, 晉下邳內史王義撰. 諸本並作王羲之, 乃妄人謬改」라 하였다.

043(7-6)
궁지에 몰린 적은 압박하지 말라

그러므로 용병의 방법이란 높은 구릉지대로는 향하지 말 것이며, 언덕을 등진 채 정면으로 마주하여 공격하지 말 것이며, 거짓으로 도망가는 적은 뒤쫓지 말 것이며, 정예부대는 공격하지 말 것이며, 적이 미끼로 던져 준 먹이는 먹지 말 것이며, 귀환하는 적의 군사는 막지 말 것이며, 적을 포위하였을 때는 반드시 빠져 나갈 구멍을 만들어 줄 것이며, 궁지에 몰린 적병은 압박하지 말 것이니라. 이것이 용병의 방법이다.

故用兵之法, 高陵勿向, 背邱勿逆, 佯北勿從, 銳卒勿攻, 餌兵勿食, 歸師勿遏, 圍師必闕, 窮寇勿迫, 此用兵之法也.

【背丘勿逆】 逆은 迎과 같음. 적군이 지형상 자신보다 높은 언덕에 있을 때는 이를 쳐다보며 싸워서는 안 됨을 뜻함. 張預는 "敵處高爲陳, 不可仰攻, 人馬之馳逐, 弧矢之施發, 皆不便也"라 함.
【佯北勿從】 北는 패배의 뜻. 적이 거짓으로 패한 척할 때는 이를 쫓지 말라는 뜻.
【銳兵勿攻】 정예부대는 공격하지 말라는 뜻.
【餌兵勿食】 적이 작은 부대로 유인하여 싸움을 걸어올 때는 이 미끼를 먹어서는 안 됨을 뜻함.

【歸師勿遏】 후퇴하여 돌아서 귀환하는 적의 부대를 막아서는 안 됨.

【圍師必闕】 적을 포위하였을 때는 도망칠 구멍을 터놓아 의외의 저항이나 필사의 응전에 대비하여야 함. 曹操 주에 "司馬法曰: 圍其三面, 缺其一面, 所以示生路也"라 하였으며 杜牧은 "示以生路, 令無必死之心"이라 함. 삼민본에는 "圍師遺闕"로 되어 있음.

【窮寇勿迫】 궁지에 처한 적은 절박하게 압박하지 않음. '窮鼠囓猫', '窮鳥則搏', '獸窮則噬'의 경우를 당하게 됨을 경계한 것.

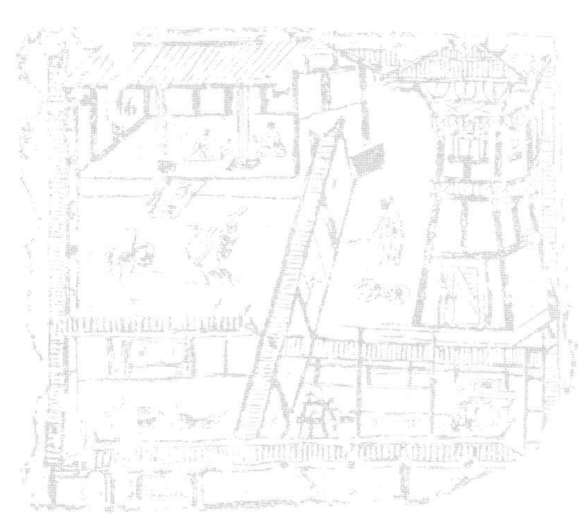

손
자

8. 구변편九變篇

　‘구九’는 많은 수를 뜻하는 말이며, ‘변變’은 변화變化·변역變易·기변機變·응변應變 등의 뜻이다. 본 편에서는 군사 작전상 여러 가지 변화에 영활하게 대처하는 방법과 지형의 유리함과 기회 포착의 중요함 등을 설명하고 있다. 아울러 이해利害를 함께 고려하며 수비를 안전의 기틀로 삼아야 함을 강조하고 있다.

044(8-1)
구변九變을 알아야 한다

손자가 말하였다.

무릇 용병 방법이란 장수가 임금으로부터 명을 받아 군대를 합하고 무리를 모으되, 물이 괸 젖은 땅에는 숙영宿營하지 아니하며, 구지衢地에서는 이웃 나라와 외교를 바르게 해 놓을 것이며, 절지絶地에는 머물러 있지 않으며, 포위를 당한 곳에서는 모책을 쓰며, 사지死地에서라면 전투를 벌여야 한다.

길이라 해도 경유해서는 안 되는 곳이 있고, 적군이라 해도 쳐서는 안 되는 것이 있으며, 성이라 해도 공격해서는 안 되는 것이 있으며, 땅이라고 해도 다투어서는 안 되는 곳이 있으며, 임금의 명령이라고 해도 받아들여서는 안 되는 것이 있다.

그러므로 장수로서 구변九變의 술術을 모른다면, 비록 오리五利를 안다고 해도 사람을 쓰는 방법을 터득할 수가 없는 것이다.

孫子曰: 凡用兵之法, 將受命於君, 合軍聚衆, 圮地無舍, 衢地合交, 絶地無留, 圍地則謀, 死地則戰.

塗有所不由, 軍有所不擊, 城有所不攻, 地有所不爭, 君命有所不受.

故將通於九變之利者, 知用兵矣;

將不通於九變之利, 雖知地形, 不能得地之利矣;

治兵不知九變之術, 雖知五利, 不能得人之用矣.

【圮地無舍】圮地는 물이 괴거나 땅이 젖은 곳. 그러한 곳에는 宿營하지 않음.

【衢地】사통팔달의 개활지. 혹은 여러 나라가 국경을 맞댄 지역.

【絶地無留】퇴로가 없이 꽉 막힌 지형에 구원군도 오기 어려운 곳에는 머물러 있어서는 안됨.

【圍地】사방이 險阻하고 길도 협소한 곳.

【死地】죽음을 무릅쓰고 싸워 이기지 않으면 살아날 수 없는 곳.

【途】도와 같음. 길. 행군하여 나갈 길.

【君命有所不受】漢簡《孫子》의 四變篇에 "君令有所不行者, 君令有反此四變者, 則弗行也"라 함.

【九變】본 장와 아홉 가지 변화에 대한 대응.

【五利】《孫子》逸文에 "途有所不由, 軍有所不擊, 城有所不攻, 地有所不爭, 君命有所不受"라 하여 이 다섯 가지의 유리한 조건을 뜻함.

지혜로운 자의 판단

이 까닭으로 지혜로운 자의 헤아림은 반드시 이해에 대하여 교차되게 따진다. 이롭다고 판단되면 가히 이를 펴서 실행하기에 힘쓰고, 해롭다고 판단되면 이에서 벗어날 방법에 대하여 근심하여야 한다.

是故智者之慮, 必雜於利害.
雜於利, 而務可信也;
雜於害, 而患可解也.

【雜】교차하여 따지고 판단함. 曹操는 "在利思害, 在害思利, 當難行權也"라 하였고, 張預는 "智者慮事, 雖處利地, 必思所以害; 雖處害地, 必思所以利. 此亦通變之謂也"라 함.
【信】信은 伸과 같음. 일을 펴서 발전시킴. 楊炳安《孫子會箋》에 "言唯其考慮利之一面, 方能以此激勵三軍將士完成戰鬪任務也"라 함.
【患可解】楊炳安《孫子會箋》에 "此言唯其考慮害之一面, 方能患於未然或轉危而爲安"라 함.

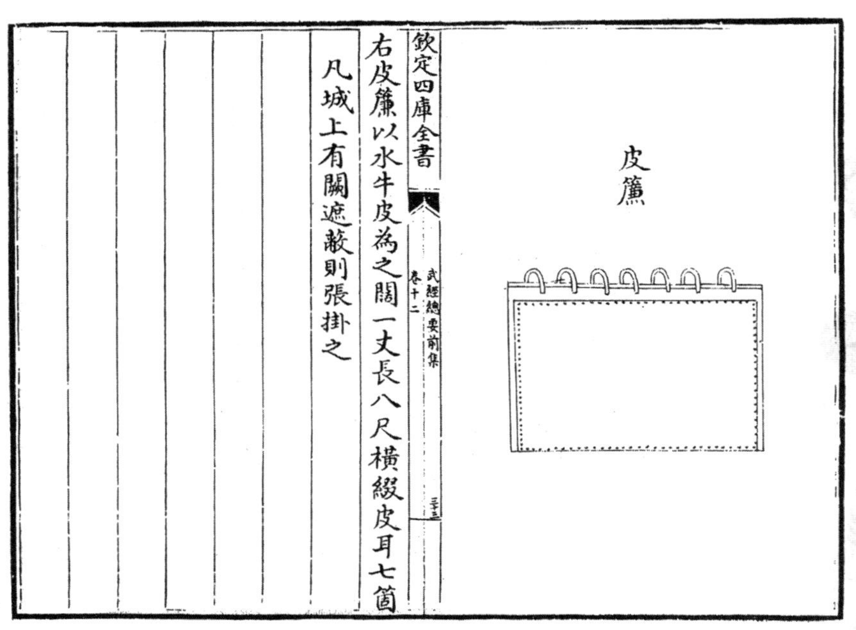

《武經總要》에 실려 있는 고대 각종 전투 장비

이익으로 유인하기

그러므로 제후는 위해危害로써 굴복시키는 것이며, 제후는 일로써 부리는 것이며, 제후는 이익으로 유인하여 쫓아가도록 하는 것이다.

是故屈諸侯者以害, 役諸侯者以業, 趨諸侯者以利.

【屈諸侯者以害】危害로써 제후를 굴복시킴.
【役諸侯者以業】제후에게 사역을 시킴. 曹操는 "業, 事也. 使其煩勞"라 하였고 杜佑는 "能以事勞役諸侯之人, 令不得安佚"이라 함.

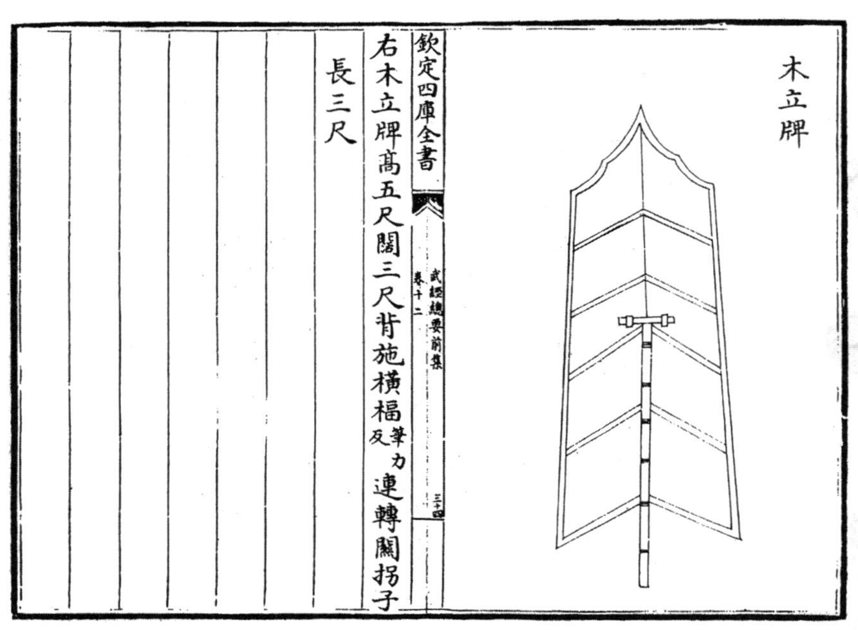

木立牌

欽定四庫全書

武經總要前集　卷十二　三十四

右木立牌高五尺闊三尺背施橫福（筆力反）連轉闊拐子

長三尺

《武經總要》에 실려 있는 고대 각종 전투 장비

047(8-4)
믿을 것은 나의 수비밖에 없다

　그러므로 용병 방법이란 그들이 쳐들어오지 않는다고 믿을 것이
못 되나니, 내가 수비를 갖추어 이를 기다리는 것만이 믿을 바이다.
　마찬가지로 그들이 공격해 오지 않음을 믿을 것이 아니라, 내가
그들이 공격하지 못할 바를 갖추고 있는 것만이 믿을 바이다.

　故用兵之法, 無恃其不來, 恃吾有以待也;
　無恃其不攻, 恃吾有所不可攻也.

【恃】 믿고 의지함.
【有以待】 준비를 철저히 하고 나서 적을 기다림. 梅堯臣은 "所恃者, 不懈也"라 함.
【有所不可攻】 철저히 대비하여 적이 나를 공격하지 못하게 함.

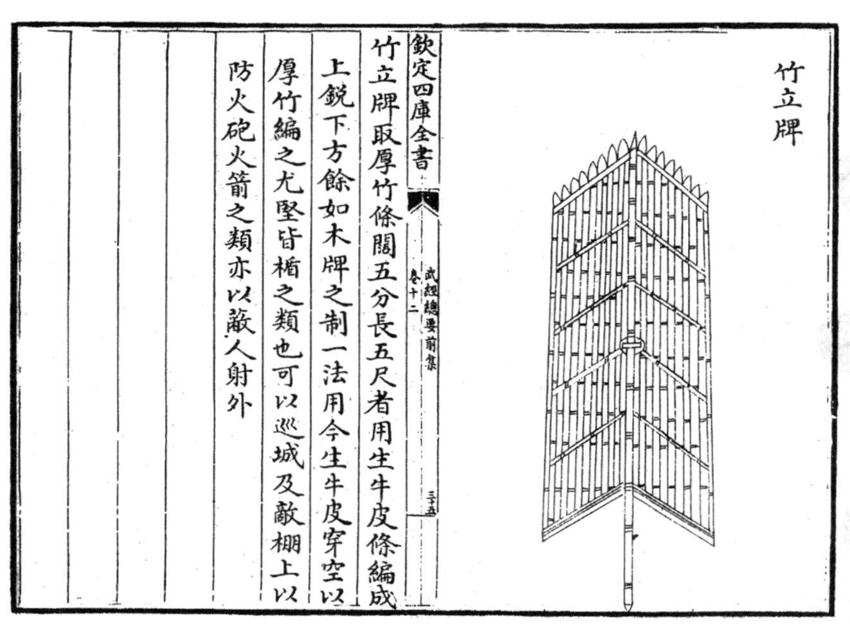

《武經總要》에 실려 있는 고대 각종 전투 장비

장수의 다섯 가지 위험

　그러므로 장수에게는 다섯 가지 위험함이 있으니 반드시 죽을 수밖에 없는 일을 벌이면 죽음을 당할 수도 있다는 것, 그리고 반드시 살기만을 급급하면 포로가 될 수도 있다는 것, 분기만을 내세워 급히 굴었다가는 후회할 수 있다는 것, 청렴결백만을 내세우다가는 치욕을 당할 수 있다는 것, 병졸을 아끼기만 하다가는 번거로울 수 있다는 것 등이다.
　이 다섯 가지는 장수의 과실이며 용병의 재앙이다. 군대가 전멸하고 장수가 죽음을 당하는 것은 틀림없이 이 다섯 가지 위험 때문일 것이니 잘 살피지 아니할 수 없다.

　故將有五危: 必死可殺也, 必生可虜也, 忿速可侮也, 廉潔可辱也, 愛民可煩也.
　凡此五者, 將之過也, 用兵之災也.
　覆軍殺將, 必以五危, 不可不察也.

【忿速】 분하게 느껴 싸우기를 급히 서두름.
【愛民】 백성이나 병졸을 너무 아끼고 중시함을 말함. 杜牧은 "言仁人愛人者, 惟恐殺傷, 不能舍短從長, 棄彼取此, 不度遠近, 不量事力. 凡爲我攻, 則必來救. 如此, 可以煩之, 令其勞頓, 而後取之也"라 함.

【覆軍殺將】 군대가 전멸하고 그 장수가 죽음을 당함.
【五危】 이상에서 거론한 다섯 가지 위험한 경우.

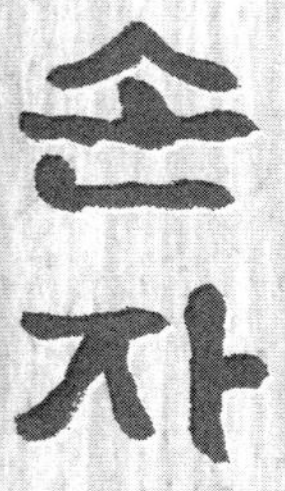
손자

9. 항군편行軍篇

　본 편에서는 군사의 이동과 행진, 공격과 수비를 위한 진형 설치 등에 대한 내용이다. 행군行軍은 '항군'으로 읽도록 되어 있다. 즉 군대의 항오行伍·대열隊列에 관한 설명으로 군사의 배치와 포진을 뜻하는 '처군處軍'과 적의 동태를 살피는 '상적相敵'의 방법과 원칙도 함께 설명하고 있다.

049(9-1)
아군과 적을 판별하는 방법

손자가 말하였다.

무릇 아군 군사의 배치와 적을 판별하는 방법은 다음과 같다.

산지를 통과할 때는 골짜기를 의지해 지나며, 주둔할 때는 높고 볕이 드는 곳을 택하며, 적이 이미 높은 곳을 차지하고 있을 경우 쳐다보면서 공격해 올라가지 말아야 한다. 이것이 산지 지형에서의 군사를 다루는 방법이다.

물을 건널 때는 물에서 먼 곳을 택하여 지나고, 적이 물을 건너올 때는 이를 즉시 맞아 싸우지 말고 그들로 하여금 반쯤 건너게 하여 그때 공략하는 것이 유리하다. 만약 전투를 벌이고자 한다면 물에 붙어 적을 마주하여 싸워서는 안 된다. 양지의 높은 곳에 배치하고 물에 의지하여 싸우지 않는 것, 이것이 물에서 군사를 다루는 방법이다.

다음으로 소금기가 있는 질척한 소택지沼澤地를 만나면 신속하게 이를 벗어나야 하며 머뭇거려서는 안 된다. 만약 이와 같은 소금기가 있는 소택지에서 적을 만났다면, 반드시 수초가 있고 뒤에 숲이 있는 곳에 의지하여야 한다. 이것이 소금기 있는 소택지에서 군사를 다루는 방법이다.

평원에 주둔할 때는 개활지의 평탄한 곳을 택하되 오른쪽에는 산을 등지고 앞으로는 앞이 낮고 뒤가 높은 곳이어야 한다. 이것이 평원에서 군사를 다루는 방법이다.

무릇 이 네 가지의 유리한 조건은, 바로 황제黃帝가 사방 네 제왕을 이겨낸 중요한 원리이다.

孫子曰: 凡處軍・相敵:

絶山依谷, 視生處高, 戰隆無登, 此處山之軍也.

絶水必遠水; 客絶水而來, 勿迎之於水內, 令半濟而擊之利; 欲戰者, 無附於水而迎客; 視生處高, 無迎水流, 此處水上之軍也.

絶斥澤, 惟亟去無留; 若交軍於斥澤之中, 必依水草, 而背衆樹, 此處斥澤之軍也.

平陸處易, 而右背高, 前死後生, 此處平陸之軍也.

凡此四軍之利, 黃帝之所以勝四帝也.

【處軍】 작전 중에 군대를 주둔시키거나 배치하는 책략.

【相敵】 적의 정황을 살핌. 相은 '살피다'의 뜻.

【絶】 '건너다, 뚫고 헤쳐나가다'의 뜻.

【視生處高】 양지의 높은 곳에 배치해야 한다는 뜻. 張預는 "視生, 謂面陽也; 處軍當在高阜"라 함.

【戰隆無登】 적이 이미 높은 곳을 차지하고 있을 경우 쳐다보면서 공격하고자 하지 말아야 함을 말함. 曹操는 "無迎高也"라 하였고, 張預는 "敵處隆高之地, 不可登迎與戰. 一本作戰隆無登迎, 謂敵下山來戰, 引我上山, 則不可登迎"이라 함.

【絶水必遠水】 강을 건너야 할 경우 물로부터 떨어진 곳에 배치해야 함. 梅堯臣은 "前爲水所隔, 則遠水以引敵"이라 하였고, 張預는 "凡行軍過水, 欲舍止者, 必去水稍遠, 一則引敵使渡, 一則進退無碍"라 함.

【客】 적을 뜻함.

【水內】 水汭와 같음. 물가(水濱)를 뜻함. 梅堯臣은 "敵之方來, 迎於水濱則不渡"
라 하였고, 王晳은 "內當作汭, 迎於水汭, 則敵不敢濟; 遠則趨利不及, 當得其宜也"
라 함.

【附於水】 물가에 진을 침을 말함.

【無迎水流】 물이 흘러들어올 곳에서 적을 기다려서는 안 됨. 적이 물을 터서
공격함을 피하기 위한 것.

【斥澤】 소금기가 있는 늪지대.

【前死後生】 앞쪽은 낮고 뒤는 높은 지형을 가리킨다 함. 그와 같은 지형은 앞에
있는 적을 죽이며 자신이 위험할 때는 높은 곳으로 피하여 살아남기에 유리하기
때문에 이렇게 표현한 것.

【四軍之利】 위에서 말한 處山, 處水, 處斥澤, 處平陸 등 네 가지 유리한 조건을
말함.

【黃帝】 상고시대 부락 연맹의 맹주인 軒轅氏. 阪泉에서 炎帝를 패배시키고,
涿鹿에서 蚩尤를 쳐 없앴으며, 북쪽으로 葷粥(흉노)을 축출하여 黃河 일대를 통일
하였다 함. 《史記》 五帝本紀 참조.

【四帝】 동서남북의 네 곳의 맹주를 말함. 흔히 오행과 오색에 맞추어 남방(火)의
赤帝, 서방(金)의 白帝, 동방(木)의 靑帝, 북방(水)의 黑帝를 말하며 黃帝 자신은
중앙(土)으로 黃帝라 일컬은 것임. 《孫子兵法》逸文에 "黃帝南伐赤帝, ……東伐
□帝, ……北伐黑帝, ……西伐白帝, ……已勝四帝, 大有天下"라 함.

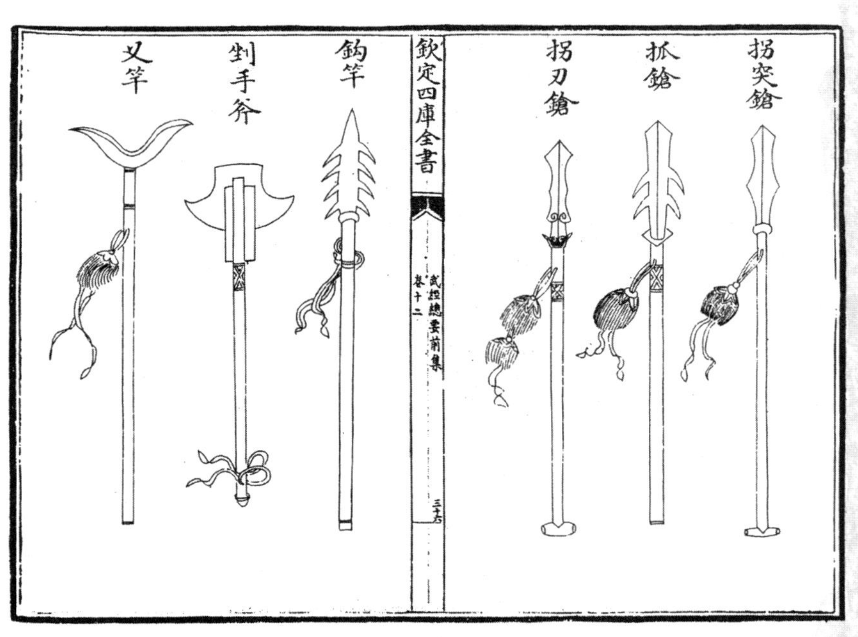

《武經總要》에 실려 있는 고대 각종 전투 장비

지형 판별과 대처 방법

　무릇 주둔에는 높은 곳을 좋게 여기고 낮은 곳은 나쁘게 여기며, 양지를 귀하게 여기고 음지는 천하게 여기니, 이러한 지형은 사람과 말을 살리기에 편하고, 물자를 실어 오기 편한 곳이며, 군사에게 어떤 질병도 일으키지 않는다. 이를 일러 필승의 지형이라 한다.

　구릉이나 제방에 주둔할 때는 반드시 햇볕이 드는 양지쪽을 택하며, 우익부대는 구릉이나 제방을 의지하게 해야 한다. 이것이 병법의 유리함이며 지형의 도움이다.

　물의 상류에 비가 내려 포말이 떠내려올 때에 이를 건너야 할 경우, 그 물이 잔잔해질 때까지 기다려야 한다.

　무릇 절간絶澗·천정天井·천뢰天牢·천라天羅·천함天陷·천극天隙 등의 지형은 급히 서둘러 멀리 떠나며, 가까이 다가가서는 안 된다. 이러한 지형에서 아군이 멀리하여 적군으로 하여금 다가오게 하고, 아군이 이를 맞아 칠 때면 적군은 그 지형을 등지게 하여야 한다.

　아군의 행진에 그 곁에 험조險阻함이 있거나 황정潢井에 줄풀이 나 있거나, 갈대가 우거져 있거나, 산림이 그늘을 이루어 빽빽할 때는 반드시 이를 여러 번 반복하여 수색해야 한다. 이러한 지형에는 간악한 복병이 숨어 있을 수 있는 곳이기 때문이다.

凡軍喜高而惡下, 貴陽而賤陰, 養生而處實, 軍無百疾, 是謂必勝.
邱陵隄防, 必處其陽, 而右背之. 此兵之利, 地之助也.

上雨, 水沫至, 欲涉者, 待其定也.

凡地有絶澗·天井·天牢·天羅·天陷·天隙, 必亟去之, 勿近也.
吾遠之, 敵近之; 吾迎之, 敵背之.

軍旁, 有險阻, 蔣潢井, 生葭葦, 山林翳薈, 必謹覆索之, 此伏姦之所處也.

【喜高惡下】 張預 주에 "居高則便於覘望, 利於驅逐; 處下則難以爲固, 易以生疾"
이라 함.

【養生處實】 梅堯臣은 "養生便水草, 處實利糧道"라 하였고, 曹操 주에 "恃滿實也.
養生向水草, 可以放牧養畜乘. 實, 猶高也"라 함.

【絶澗】 양쪽 모두 절벽이며 앞뒤가 험준한 지형. 梅堯臣은 "前後險峻, 水橫其中"
이라 함.

【天井】 사방이 막혀 오로지 하늘만 보이는 곳.

【天牢】 하늘만 보이는 감옥 같은 곳. 梅堯臣은 "三面環絶, 易入難出"이라 함.

【天羅】 천연의 그물과 같은 지형. 그곳에 들어가면 적의 그물에 걸리듯 빠져
나올 수 없는 지형.

【天陷】 질퍽거리며 수레나 사람이 통과하기 어려운 함정과 같은 곳. 梅堯臣은
"卑下汚濘, 車騎不通"이라 함.

【天隙】 깊은 웅덩이가 교차되어 틈이 벌어진 지형. 이상 네 가지 지형에 대하여
曹操 주에 "山深水大者爲絶澗, 四中方高, 中央下爲天井, 深山所過若蒙籠者爲天牢,
可以羅絶人者爲天羅, 地形陷者爲天陷, 山澗道迫狹, 地形深數尺長數丈者爲天隙"
이라 함.

【蔣潢井, 生葭葦】 장은 줄풀을 가리키며, 황정은 물이 고인 늪지를 뜻함. 가위는
갈대류. 〈商務印本〉에는 "有險阻蔣潢, 井生葭葦"로 되어 있으며 〈三民本〉에는
"有險阻·潢井·葭葦"로 되어 있음.

【翳薈】 수목이 그늘을 이루어 빽빽한 상태를 뜻함.

【覆索】 반복하여 자세히 수색함.

【伏姦】 복병을 뜻함.

적정 살피는 구체적인 요령

적이 아군 가까이 와서 조용하다면, 이는 그들이 처한 지형이 험요함을 믿기 때문이다.

적이 먼길을 왔는데도 아군에게 도전할 경우라면, 이는 아군이 나서기를 유인하고자 함이다. 그 편한 지형을 점유하는 것이 유리한 것이다.

나무들이 움직인다면, 이는 적이 오고 있는 것이다.

풀들 속에 허다한 장애물이 있다면, 이는 적들이 포진하여 우리로 하여금 의심을 갖도록 하는 것이다.

새들이 날아 오른다면, 이는 적들이 복병을 배치하여 갑자기 쳐들어 오겠다는 것이다.

들짐승들이 놀라 달아난다면, 이는 적의 전차부대가 다가오고 있는 것이다.

흙먼지가 낮게 일어난다면, 이는 적의 보병이 오고 있다는 것이다.

흙먼지가 사방으로 날리며 그것이 흩어졌다 이어졌다 한다면, 이는 적이 땔감을 구하기 위하여 나무를 하고 있는 것이다.

흙먼지가 적게 일어나면서 사람들이 왕래하는 모습이 보인다면, 이는 적이 군영을 설치하고 있다는 것이다.

적이 보낸 사자의 말이 겸손하면서 적이 대비를 더욱 강화한다면, 이는 우리를 향해 공격하려 한다는 것이다.

적이 보낸 사자의 말이 강경하면서 도리어 우리를 향해 압박해 오려는 태도를 보인다면, 이는 적이 퇴거하려고 준비한다는 것이다.

적이 먼저 전차를 출동시키고 부서를 그 양 곁에 배치함은, 진세陣勢를 포진한다는 것이다.

적이 좌절을 겪지 않았음에도 강화를 하겠다고 나선다면, 이는 적이 또다른 음모를 가지고 있다는 것이다.

적이 분주히 오가면서 병사와 수레를 정비하는 것은, 싸우겠다고 기약하는 것이다.

적이 진격하는 듯이 하다가 다시 퇴각하는 듯이 한다면, 이는 아군을 유인하는 것이다.

敵近而靜者, 恃其險也;

遠而挑戰者, 欲人之進也;

其所居者, 易利也.

衆樹動者, 來也;

衆草多障者, 疑也;

鳥起者, 伏也;

獸駭者, 覆也;

塵高而銳者, 車來也;

卑而廣者, 徒來也;

散而條達者, 樵採也;

少而往來者, 營軍也.

辭卑而益備者, 進也;

辭詭而强進驅者, 退也;

輕車先出居其側者, 陳也;

無約而請和者, 謀也;

奔走而陳兵車者, 期也;

半進半退者, 誘也.

【敵近而靜者】 적이 아군 가까이 접근하여 매우 조용할 경우 모종의 계책을 세우고 있거나, 자신들이 처한 지형이 안전하다고 여기기 때문이라 판단해야 함. 相敵의 방법 중 하나.

【遠而挑戰者】 적이 아군과 멀리 있음에도 자주 도전을 해 온다면, 이는 아군을 끌어내기 위한 작전임을 간파하여야 함.

【居易】 평탄한 곳에 주둔하거나 진을 치고 있음. 張預는 “敵人舍險而居易者, 必有利也. 或曰: 敵欲人之進, 故處於平易, 以示利而誘我也”라 함.

【衆樹動者】 아군 앞의 수풀이 움직이면 적군이 오고 있다는 뜻. 曹操는 “斬伐樹木, 除道進來, 故動”이라 함.

【疑】 아군으로 하여금 의혹을 갖도록 함. 曹操는 “結草爲障, 欲使我疑也”라 함.

【覆】 갑자기 습격해 옴을 뜻함. 李筌은 “不意而至曰覆”이라 함.

【卑而廣者】 일어나는 먼지가 낮게 깔리면서 그 면적이 넓음은 步卒이 오고 있음을 뜻함. 張預는 “徒步行緩而迹輕, 又行列疏遠, 故塵低而來”라 함.

【散而條達】 흩어져 이어졌다 끊어졌다 함. 杜牧은 “樵采者, 各隨所向, 故塵埃散衍. 條達, 縱橫斷絶貌也”라 하였고, 王晳은 “條達, 纖微斷續之貌”라 함.

【營軍】 陣地나 宿營 자리를 마련하고 있는 적군. 梅堯臣은 “輕兵定營, 往來塵少”라 함.

【輕車先出】 상대의 군영에서 전차가 그 측면에 먼저 나타나면 이는 정식 공격을 하고자 함을 말함. 曹操 주에 “陳兵欲戰也”라 하였고, 杜牧은 “出輕車, 先定戰陳疆界也”라 함.

【半進半退】 張預는 “詐爲亂形, 是誘我也”라 함.

적의 움직임을 보고 할 수 있는 판단

적군이 병기의 자루를 짚고 쉬고 있는 모습은 주렸음을 말한다. 물을 길어 돌아가면서 자신이 먼저 마시는 모습이 보이면 이는 갈증이 심하다는 뜻이다. 적군이 서로 승리의 기세를 보면서도 진공해 오지 않음은 피로에 지쳤다는 뜻이다.

새들이 적군의 진지로 날아드는 모습은 그 진지가 비었다는 뜻이며, 밤에 서로 부르는 소리는 남은 그들이 두려움에 떨고 있다는 뜻이다.

적군 안에 질서가 없이 소요하는 경우는 적의 장수가 엄정하지 못함을 말하며, 깃발이 마구 흔들리는 것은 적이 혼란스럽다는 뜻이다.

적의 관리가 노하여 화를 낸다는 것은 싫증을 내며 지쳐 있다는 뜻이며, 말을 잡아 이를 먹을 것으로 삼는 것은 적의 식량이 바닥났음을 말한다.

솥을 걸어두고 이를 군영으로 가지고 들어가지 않음은 포위에 지쳐 궁해졌음을 말한다.

낮은 소리로 두런두런 말을 나누며 느린 목소리로 수군거리고 있는 경우라면, 이는 서로서로 사이에 믿음을 잃고 있다는 뜻이다.

자주 상을 내린다는 것은 곤경에 빠졌음을 말하며, 자주 벌을 내린다는 것은 적이 곤핍해졌음을 말한다.

적의 장수가 먼저 부하에게 화를 내었다가 그 뒤에 무리의 이반을 겁내고 있다면, 이는 군의 정기가 더 이상 어쩔 수 없는 지경에 이르렀다는 뜻이다.

적의 사절이 찾아와 인질을 위탁하며 죄를 빈다면, 이는 병사를 휴식시키고자 한다는 뜻이다.

적군이 노기를 드러내며 우리와 마주하되 시간만 끌 뿐 전투를 시작하지 않으며 그렇다고 물러서지도 않는다면, 이는 반드시 조심하여 잘 살펴야 한다.

仗而立者, 飢也;

汲而先飮者, 渴也;

見利而不進者, 勞也;

鳥集者, 虛也;

夜呼者, 恐也;

軍擾者, 將不重也;

旌旗動者, 亂也;

吏怒者, 倦也;

粟馬肉食, 軍無糧也.

懸甀, 不返其舍者, 窮寇也;

諄諄翕翕, 徐言入入者, 失衆也;

屢賞者, 窘也; 數罰者, 困也;

先暴而後畏其衆者, 不精之至也;

來委謝者, 欲休息也.

兵怒而相迎, 久而不合, 又不相去, 必謹察之.

【杖而立】 힘이 모자라 병기의 자루를 짚고 서 있음은 주리고 지쳐 있음을 뜻함.
梅堯臣은 “倚兵而立者, 足見碁弊之色”이라 하였고, 王晳은 “倚杖者, 困餒之相”
이라 함. 商務印本에는 “倚杖而立”으로 되어 있음.

【汲而先飮】 물을 길어 가면서 자신이 먼저 마실 경우, 그 군대는 모두 심한
갈증을 느끼고 있는 상태라는 뜻. 張預는 “汲者未及歸營而先飮水, 是三國渴也”
라 함.

【見利而不進】 승리를 보면서도 진격하지 않음. 杜佑는 “士疲倦也. 敵人來, 見我
利而不能擊進者, 疲勞也”라 하였고, 梅堯臣은 “人其困乏, 何利之趨!”라 함.

【烏集】 까마귀가 그 위에 모여드는 곳이라면, 그 진지는 이미 비어 있다는 뜻.
張預는 “凡敵潛退, 必存營幕, 禽鳥見空, 鳴集其上”이라 함.

【夜呼者】 밤에 부르짖는 소리가 들릴 경우 그들이 겁을 먹고 있다는 뜻. 曹操는
“軍士夜呼, 將不勇也”라 하였고, 杜牧은 “恐懼不安, 故夜呼以自壯也”라 함.

【軍擾者】 적군이 동요함을 보임. 李筌은 “將無威重則軍擾”라 함.

【吏怒者】 군을 다스리는 관리가 노기를 보임. 杜牧은 “衆悉倦弊, 故吏不畏而忿怒也”
라 하였으며, 賈林은 “人困則多怒”라 함.

【粟馬肉食, 軍無懸甀】 군사가 먹을 식량을 말이나 소에게 먹이고, 소나 말은 잡아 군사에게 먹이며, 솥을 달아매어 둔 것이 보이지 않음. 이 경우 원정의 작전을 펴지 않을 것임을 나타내는 행동으로 판단함. 甀는 군용으로 쓰는 조리기구 솥. 또는 물을 길어오는 큰 그릇이라고도 함. 쓰지 않을 경우 끈으로 매달아 놓음. 여기에서 달아놓지 않았다는 것은 먹기에만 열중하여 남은 식량을 아끼지 않고 소비함을 뜻함.

【諄諄翕翕】 諄諄은 기력이 없음을 나타내는 말이며, 흡흡은 서로 경계심이 없이 편안하게 대화함을 말함.

【數賞】 '數'는 '삭'으로 읽음. 자주 상을 내림. 杜牧은 "勢力窮窘, 恐衆爲叛, 數賞以悅之"라 함.

【數罰】 자주 벌을 내림. 梅堯臣은 "人弊不堪命, 屢罰以立威"라 함.

【先暴而後畏其衆】 梅堯臣은 "先行乎嚴暴, 後畏其衆離, 訓罰不精之極也"라 함.

【委謝】 인질을 위탁하며 사죄함. 梅堯臣은 "力屈欲休兵, 委質以來謝"라 하였고, 張預는 "以所親愛委質來謝, 是勢力窮極, 欲休兵息戰也"라 함.

053(9-5)
적을 가볍게 여기지 말라

용병에는 병력이 많으면 많을수록 반드시 좋은 것은 아니며, 오직 무력만 있다고 공격하는 경우가 아니라, 힘을 모으고 적을 헤아리며 인심을 얻는 것으로 족하다.

무릇 생각 없이 적을 가볍게 여기는 자는 틀림없이 적에게 사로잡히고 만다.

兵非益多也, 惟無武進, 足以併力·料敵, 取人而已. 夫惟無慮而易敵者, 必擒於人.

【武進】용감함을 믿고 쉽게 전진함.
【併力·料敵】아군의 힘을 모으고 적의 사정을 헤아림.

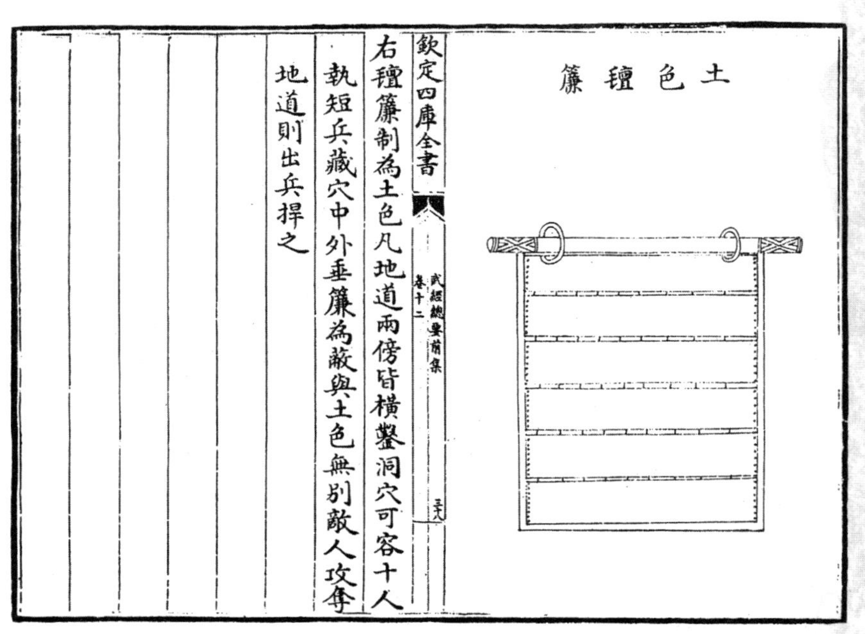

土色氊簾

欽定四庫全書

武經總要前集 卷十二

右氊簾制為土色凡地道兩傍皆橫鑿洞穴可容十人

執短兵藏穴中外垂簾為蔽與土色無別敵人攻爭

地道則出兵捍之

《武經總要》에 실려 있는 고대 각종 전투 장비

문덕文德과 무위武威

사졸이 아직 상관을 가까이 여기지 않는데도 이를 처벌하기만 한다면 그들이 복종하지 않는다. 그들이 복종하지 않으면 그들을 부려 쓰기가 쉽지 않다.

사졸이 이미 상관을 가까이 여기고 있는데도 군기를 바로잡아 벌을 내리지 않으면 그들은 쓸 수가 없다.

그러므로 이들을 다스리되 문덕文德으로 하고, 이들을 통제하되 무위武威로써 해야 하니, 이를 일러 반드시 취하여 거둔다고 말하는 것이다.

평소 하는 대로 명령을 내려 그 사졸을 가르치면 사졸이 복종하나, 평소 하지 않던 행동으로서 명령을 내려 사졸을 가르치려 들면 사졸들이 복종하지 않는다.

평소 하는 대로 명령을 내린다는 것은, 장수와 부하들 무리가 서로 뜻이 맞아왔음을 말한다.

卒未親附而罰之, 則不服, 不服則難用也.

卒已親附而罰不行, 則不可用也.

故令之以文, 齊之以武, 是謂必取.

令素行以敎其民, 則民服; 令不素行以敎其民, 則民不服.

令素信著者, 與衆相得也.

【未親附】 아직 충분히 친복을 시키지 못한 상태. 杜牧은 "恩信未洽, 不可以刑罰濟之"라 함.

【已親附】 曹操 주에 "恩信已洽, 若無刑罰, 則驕惰難用也"라 함.

【文·武】 曹操 주에 "文, 仁也; 武, 法也"라 하였고, 李筌은 "文, 仁恩; 武, 威罰"이라 함.

【齊】 一齊히 통제하여 군기를 잡음.

【必取】 반드시 사람의 마음을 얻음.

【素行】 평소의 행동이나 일상 규범.

【民】 사졸들을 지칭함.

【相得】 서로 뜻이 맞고 마음이 하나가 됨을 말함.

손
자

10. 지형편 地形篇

　지형은 지리 형세를 말한다. 지형을 통지通地·괘지掛地·지지支地·애지隘地·험지險地·원지遠地 등으로 분류하여 각 지형에 맞게 작전과 행군 등을 펼쳐야 함을 구체적으로 주장하고 있다.

　그리고 각 지형에서의 승패의 요인과 대응 방법, 활용, 작전 수립, 적의 유인 등에 대하여 그 중요성을 설명하고 있다.

여섯 가지 지형의 특징

손자가 말하였다.

지형에는 통通·괘掛·지支·애隘·험險·원遠이 있다.

아군도 갈 수 있고 적도 가히 다가올 수 있는 지형이 통형通形이다. 이러한 통형의 지형에서는 먼저 양지쪽의 고지를 점거하여 군량을 실어올 수 있는 길을 차지하여 전투를 벌인다면 승리할 수 있다.

다음으로 앞으로 나가기는 쉬우나 되돌아 나서기는 어려운 지형을 괘형掛形라 한다. 이 괘형의 지형에서 만약 적이 방비를 하지 않고 있다면, 출격하여 이겨내어야 하며, 출격하여 이기지 못하면 퇴각하기가 어렵게 된다. 그러므로 이러한 지형은 불리하다.

그리고 아군의 출격에는 불리하고, 적군의 출격도 또한 불리한 지형을 가리켜 지형支形이라 한다. 이러한 지형에서는 적군이 비록 작은 유인책으로 아군을 유혹한다 해도 아군은 출격하지 말아야 하며, 거짓으로 아군을 퇴각시키는 것처럼 가장하여 적이 다가오도록 하여, 그 기회를 틈타 적이 반쯤 나섰을 때 쳐야 한다. 이러한 점에서는 유리한 지형이다.

다음으로 애형隘形의 지형에서는 아군이 먼저 적군보다 유리한 지형을 점거하고, 충분한 병력으로 그 입구를 막아 적의 침범을 기다려야 한다. 만약 적군이 먼저 그곳을 점거한 채 많은 병사와 무기로 그 입구를 봉쇄하고 있다면, 그들과 전투를 벌여서는 안 된다. 그러나 만약 적이 많은 병사와 무기로 그 입구를 봉쇄하고 있는 것이 아니라면, 그 상황에 따라 공략해도 된다.

험형險形의 지형에서는 아군이 먼저 유리한 지형을 차지하되, 반드시 양지쪽의 높은 곳을 택하여 수비하여 적군의 침범을 기다려야 한다. 만약 적군이 먼저 고지를 차지하고 있다면, 병사를 이끌고 퇴각하여야 하며 억지로 공격하려 해서는 안 된다.

원형遠形의 지형에서는 만약 적과 아군의 지세가 엇비슷하다면 도전해서는 안 된다. 아군이 먼저 나서서 전투를 벌이는 것이 유리한 것이 아니기 때문이다.

무릇 이상의 여섯 가지 조건은 지형의 유리함을 잘 이용하여야 한다. 이는 장수로서 응당 책임져야 할 큰 임무이니 깊이 살피지 아니할 수 없다.

孫子曰: 地形有通者, 有挂者, 有支者, 有隘者, 有險者, 有遠者.

我可以往, 彼可以來, 曰通.

通形者, 先居高陽, 利糧道以戰, 則利. 可以往, 難以返, 曰挂.

挂形者, 敵無備, 出而勝之, 敵若有備, 出而不勝, 難以返, 不利. 我出而不利, 彼出而不利, 曰支.

支形者, 敵雖利我, 我無出也, 引而去之, 令敵半出而擊之利. 隘形者, 我先居之, 必盈之以待敵.

若敵先居之, 盈而勿從, 不盈而從之. 險形者, 我先居之, 必居高陽以待敵;

若敵先居之, 引而去之, 勿從也. 遠形者, 勢均, 難以挑戰, 戰而不利.

凡此六者, 地之道也, 將之至任, 不可不察也.

【通】《周易》繫辭에 "往來無窮曰通"이라 함.

【利糧道】 군량을 운반하기에 유리함. 張預 주에 "先處戰地以待敵, 則致人而不致 於人. 我雖居高面陽, 坐以致敵, 亦慮敵人不來赴戰, 故須使糧餉不絶, 然後爲利" 라 함.

【挂】 梅堯臣은 "網羅之地, 往必挂綴"이라 함.

【支】 持久戰. 杜佑는 "支, 久也. 俱不便久相持也"라 함.

【盈】 杜佑는 "盈, 滿也. 以兵陳滿隘形, 欲使敵不得進退也"라 함. 한편 이상의 구절에 대하여 曹操는 "隘形者, 兩山間通谷也. 敵勢不得撓我也. 我先居之, 必前 齊隘口, 陳而守之, 而出奇也. 敵若先居此地, 齊口陳, 勿從也. 卽半隘陳者從之, 而與敵共此利也"라 하였고, 杜牧의 주에는 "盈者, 滿也. 言遇兩山之間, 中有通谷, 則須當山口爲營, 與兩山口齊, 如水之在器而盈滿也"라 함.

【遠形】 두 군대 사이가 멀리 떨어져 있음.

【勢均】 쌍방의 세력이 서로 엇비슷함. 杜牧의 주에 "譬如我與敵壘相去三十里, 若我來就敵壘而延敵欲戰者, 是我困敵銳, 故戰者不利. 若敵來就我壘, 延我欲戰者, 是我佚敵勞, 敵亦不利. 故曰勢均. 然則如何? 曰: 欲必戰者, 則移相近也"라 함.

166 **손자**

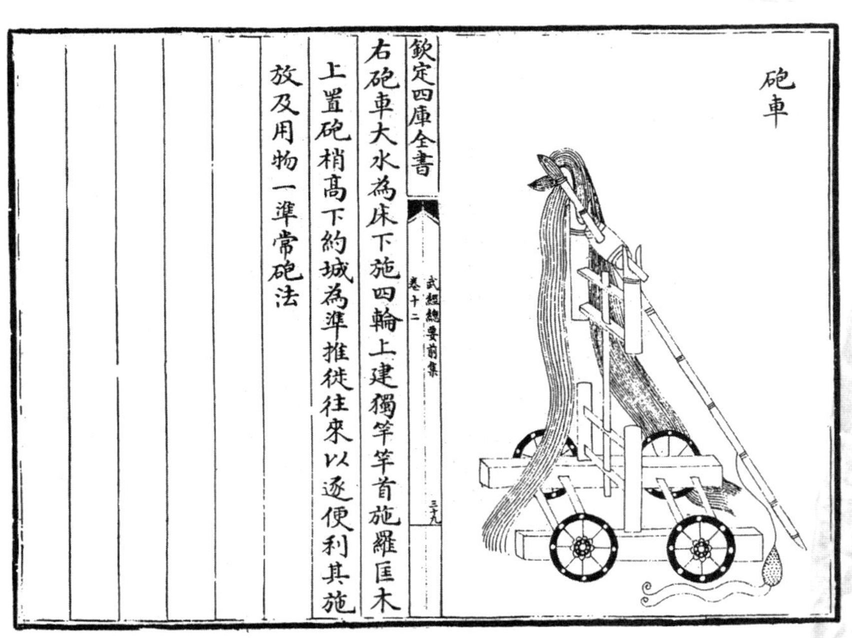

《武經總要》에 실려 있는 고대 각종 전투 장비

병법의 여섯 가지 상황

그러므로 병법에는 주走·이弛·함陷·붕崩·난亂·배北의 상황이 있다. 무릇 이 여섯 가지는 하늘의 재앙이 아니라 장수의 허물이다.

무릇 피아의 지세가 엇비슷할 때, 하나로써 열을 치는 것을 주走라 하고,

사졸은 강한데 관리가 약한 것을 이弛라 하며,

관리는 강하나 사졸이 약한 것을 함陷이라 한다.

그리고 대리大吏가 화를 내어도 사졸이 복종하지 않아, 적을 만났을 때 그 대리가 분하게 여겨 자신이 나서서 전투를 벌여, 장수가 그들의 전투능력을 알 수 없는 경우를 만들 때 이를 붕崩이라 한다.

그런가 하면 장수가 약하여 위엄이 없으며, 가르침이 명확하지 못하고, 관리와 병졸의 구분이 없어 제멋대로 하여 진중의 병력이 종횡으로 혼란함을 일러 난亂이라 한다.

장수가 적을 헤아리지 못한 채, 아군의 적은 병력으로 많은 적군의 무리에게 대들고, 약한 아군으로 강한 적군을 공격하며, 아군에게 선봉도 뽑지 않고 싸우는 것을 배北라 한다.

무릇 이와 같은 여섯 가지는 패배의 지름길이며, 장수로서의 지극한 책임이니 잘 헤아리지 아니할 수가 없다.

故兵有走者, 有弛者, 有陷者, 有崩者, 有亂者, 有北者.

凡此六者, 非天之災, 將之過也.

夫勢均, 以一擊十曰走.

卒强吏弱曰弛.

吏强卒弱曰陷.

大吏怒而不服, 遇敵懟而自戰, 將不知其能曰崩.

將弱不嚴, 教道不明, 吏卒無常, 陳兵縱橫曰亂.

將不能料敵, 以少合衆, 以弱擊强, 兵無選鋒曰北.

凡此六者, 敗之道也, 將之至任, 不可不察也.

【將之過】장군의 과실. 張預 주에 "凡此六敗, 咎在人事"라 함.
【大吏】小將.
【懟】怨恨.
【選鋒】정예부대를 뽑아 전진 배치함.

지형은 도움을 준다

무릇 지형이란 병법의 도움이다. 적을 헤아려 승세를 제압하고 험액원근險厄遠近을 계산하는 것이 전투를 책임진 장수로서의 도이다.

이를 알고 전투를 벌이는 자는 승리할 것이요, 이를 모른 채 전투에 임하는 자는 반드시 패하고 만다.

그러므로 전쟁의 도리로 보아 틀림없이 승리할 수 있다면 군주가 싸우지 말도록 명해도 반드시 싸울 수도 있는 것이며, 전쟁의 도리로 보아 반드시 패하고 말 것이라면 군주가 기필코 싸우도록 명해도 싸우지 않아도 되는 것이다.

그러므로 나서되 명예를 바라지 않으며, 물러서되 죄를 피하지도 않고 오직 사졸을 보호하며, 그 이익이 군주에게 합치되도록 하는 것이 나라의 보배이다.

夫地形者, 兵之助也. 料敵制勝, 計險厄遠近, 上將之道也.
知此而用戰者必勝; 不知此而用戰者必敗.
故戰道必勝, 主曰無戰, 必戰可也; 戰道不勝, 主曰必戰, 無戰可也.
故進不求名, 退不避罪, 惟民是保, 而利合於主, 國之寶也.

【上將】 그 전투를 책임진 主將.
【退不避罪】 패배하여 물러섰을 때 그 죄를 피하지 않음.

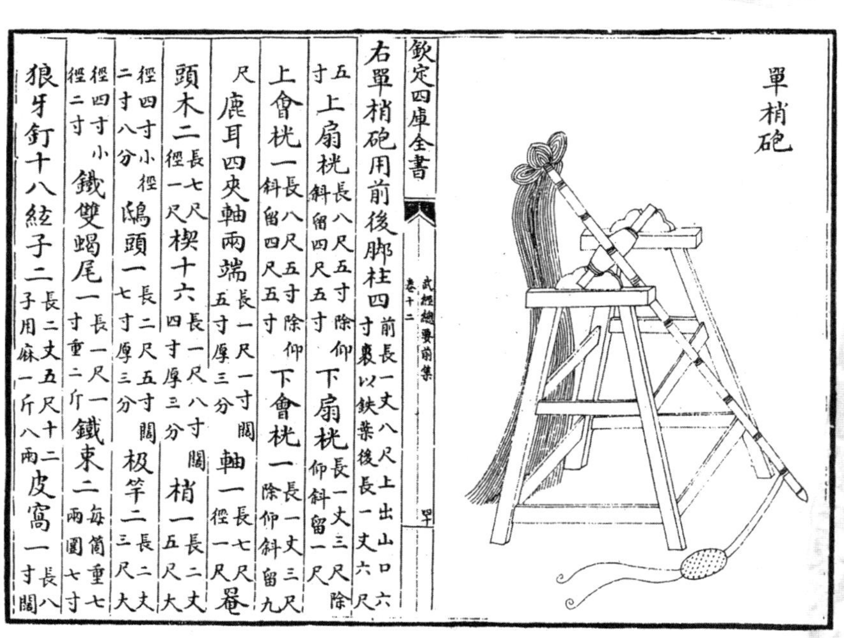

欽定四庫全書

武經總要前集　卷十二

單梢砲

右單梢砲用前後脚柱四（前長一丈八尺，上出山口六尺，後長一丈六尺），裏以鐵葉。
上扇桄一（長八尺五寸，除仰斜留四尺五寸）
下扇桄一（長一丈三尺，除仰斜留一尺）
上會桄一（長八尺五寸，除仰斜留四尺五寸）
下會桄一（長一丈三尺，除仰斜留九尺）
鹿耳四，夾軸兩端（長一尺一寸，闊五寸，厚三分）
軸一（長七尺，徑一尺）
梢一（長二丈，大一尺五寸）
頭木二（長七尺，徑一尺）
楔十六（長一尺八寸，闊四寸，厚三分）
鴟頭一（長二尺五寸，厚三分，徑四寸，小徑二寸八分）
极竿二（長二丈三尺大）
鐵束二（每圍重七兩，圍七寸）
鐵雙蝎尾一（長一尺一寸，重二斤，徑二寸）
狼牙釘十八，絞子二（長二丈五尺，十二子用麻一斤八兩）
皮窩一（長八尺，闊一寸…）

《武經總要》에 실려 있는 고대 각종 전투 장비

병사를 어린아이처럼 여겨라

병졸을 어린아이처럼 여기니 그 때문에 그들과 더불어 깊은 냇물로 들어설 수 있는 것이며, 사졸을 사랑하는 자식처럼 여기니 그 때문에 그들과 함께 죽을 수 있는 것이다.

후하게 해 주면서 능히 부리지 못하고, 사랑하면서 능히 명령을 내리지 못하고, 어지럽게 되어도 이를 다스려 내지 못한다면, 이는 마치 교만한 아이와 같아 써먹을 수가 없다.

視卒如嬰兒, 故可以與之赴深溪; 視卒如愛子, 故可與之俱死.
厚而不能使, 愛而不能令, 亂而不能治, 譬如驕子, 不可用也.

【嬰兒】 아무것도 모르는 순진한 어린아이.
【驕子】 너무 교만하여 통제할 수 업는 아이.

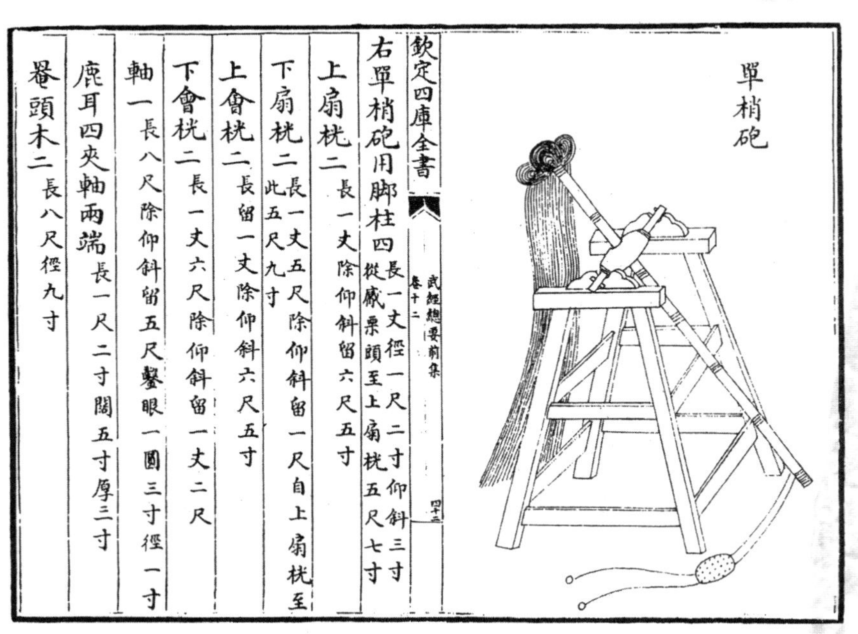

《武經總要》에 실려 있는 고대 각종 전투 장비

지형을 알고 하늘을 알면

나의 병졸이 가히 칠 수 있음은 알되 적이 나를 칠 수 없음은 모르고 있다면, 이나마 승리는 반을 차지한 것이다.

적이 나를 칠 수 있음은 알고 나의 병졸이 적을 칠 수 없음은 모른다면, 이 역시 승리의 반은 차지한 것이다.

그리고 적이 나를 칠 수 있음은 알고 나의 군사도 적을 칠 수 있음은 알되, 지형으로 보아 전투를 벌일 수 없음을 알지 못하고 있다면, 이는 승리의 반은 된다.

그러므로 병력을 아는 자는 움직여도 미혹하지 아니하고, 들이쳐도 그 모책이 궁함이 없다.

그 때문에 자신을 알고 적을 알면 승리하되 위태롭지 아니하고, 지형을 알고 하늘을 알면 승리하되 모든 것이 온전하다고 말한 것이다.

知吾卒之可以擊, 而不知敵之不可擊, 勝之半也;

知敵之可擊, 而不知吾卒之不可以擊, 勝之半也;

知敵之可擊, 知吾卒之可以擊, 而不知地形之不可以戰, 勝之半也.

故知兵者, 動而不迷, 擧而不窮.

故曰: 知己知彼, 勝乃不殆; 知地知天, 勝乃可全.

【動而不迷】 행동과 결정이 과단하여 조금도 미혹함이 없음.

【知地知天】〈三民本〉에는 "知天知地"로 되어 있음. '天'은 天時, '地'는 地形을
가리킴.《孟子》公孫丑(下)에 "天時不如地利, 地利不如人和. 三里之城, 七里
之郭, 環而攻之而不勝; 夫環而攻之, 必有得天時者矣; 然而不勝者, 是天時不如
地利也. 城非不高也, 池非不深也, 兵革非不堅利也, 米粟非不多也; 委而去之:
是地利不如人和也. 故曰: 域民不以封疆之界, 固國不以山谿之險, 威天下不以兵
革之利. 得道者多助, 失道者寡助. 寡助之至, 親戚畔之; 多助之至, 天下順之.
以天下之所順, 攻親戚之所畔; 故君子有不戰, 戰必勝矣."라 함.

【勝乃可全】 일부 판본에는 "勝乃不窮"으로 되어 있음.

손
자

11. 구지편九地篇

　본편에서는 산지散地·경지輕地·쟁지爭地·교지交地·구지衢地·중지重地·비지圮地·위지圍地·사지死地 등 아홉 가지 지형에서의 작전과 대응 방법을 제시하고 있다. 그리고 특이하게 솔연率然이라는 뱀의 특징을 들어 전체가 유기적으로 반응하여 함께 승리를 취할 수 있도록 해야 한다고 주장하고 있다.

아홉 가지 지역에서의 전투

손자가 말하였다.

용병 방법에는 산지散地·경지輕地·쟁지爭地·교지交地·구지衢地·중지重地·비지圮地·위지圍地·사지死地 등 아홉 가지가 있다.

제후가 자신과 적국과 싸움을 벌이고 있는 땅이 산지이다.

남의 땅에 쳐들어가되 아직 깊이 들어가지 않은 땅이 경지이다.

내가 차지해도 이익이 되고, 적이 차지해도 이익이 되는 땅이 쟁지이다.

나도 갈 수 있고, 적도 올 수 있는 땅이 교지이다.

제후의 땅으로 세 나라가 서로 속해 있는 곳이며, 누구라도 먼저 이르는 자가 천하의 무리를 얻게 되는 땅이 구지이다.

적의 영토에 깊이 들어가 적의 많은 성읍城邑을 등지고 싸워야 하는 땅이 중지이다.

산림과 험조險阻한 지역, 그리고 저택을 행군해야 하는, 행진하기 어려운 땅이 비지이다.

경유해 들어가는 곳이 막혀 있으며, 거쳐 나와야 할 때는 멀리 돌아야 하는 곳, 그러면서 적은 적은 수의 군사로 많은 수의 아군을 공격할 수 있는 땅이 위지이다.

급히 싸우면 생존하고, 급히 서둘러 싸우지 않으면 망하고 마는 곳이 사지이다.

이 까닭으로 산지散地에서는 싸우지 말아야 하며, 경지輕地에서는 멈추지 말아야 하고, 쟁지爭地에서는 공격하지 말아야 하며, 교지交地에서는 후속 부대를 끊어지지 않게 해야 하며, 구지衢地에서는 이웃 나라와 외교를 잘 터놓아야 하며, 중지重地에서는 약탈로 견뎌야 하며, 비지圮地에서는 급히 통과해야 하며, 위지圍地에서는 모책을 써야 하며, 사지死地에서는 싸워야 한다.

孫子曰: 用兵之法, 有散地, 有輕地, 有爭地, 有交地, 有衢地, 有重地, 有圮地, 有圍地, 有死地.

諸侯自戰其地者, 爲散地.

入人之地不深者, 爲輕地.

我得則利, 彼得亦利者, 爲爭地.

我可以往, 彼可以來者, 爲交地.

諸侯之地三屬, 先至而得天下衆者, 爲衢地.

入人之地深, 背城邑多者, 爲重地.

行山林·險阻·沮澤, 凡難行之道者, 爲圮地.

所由入者隘, 所從歸者迂, 彼寡可以擊吾之衆者, 爲圍地.

疾戰則存, 不疾戰則亡者, 爲死地.

是故散地則無以戰, 輕地則無止, 爭地則無攻, 交地則無絶, 衢地則合交, 重地則掠, 圮地則行, 圍地則謀, 死地則戰.

〈演陣敎美人戰〉 판화, 淸代

【散地】 사졸의 고향이 가까워 전투심이 이산되어 해이해짐을 뜻함. 曹操 주에 "士卒戀土, 道近易散"이라 하였고, 杜牧은 "士卒近家, 進無必死之心, 退有歸投之處"라 함.

【輕地】 적과의 거리가 아직 멀지 않아 쉽게 되돌아설 생각을 갖게 됨. 梅堯臣은 "入敵未遠, 道近輕返"이라 함.

【爭地】 서로 먼저 점령하겠다고 다투는 곳. 曹操는 "可以少勝衆, 弱擊强"이라 하였고, 杜牧은 "必爭之地, 乃險要也"라 함.

【交地】 교통이 매우 유리한 곳. 曹操는 "道正相交錯也"라 하였고, 張預는 "地有數道, 往來通達, 而不可阻絶者, 是交錯之地也"라 함.

【三屬】 세 가지가 서로 연속되어 있음. 곁에 다른 나라가 있는 땅. 曹操는 "我與敵相當, 而旁有他國也"라 함.

【衢地】 국경에 처하여 여러 나라가 모두 쉽게 통할 수 있는 곳. 張預는 "衢者, 四通之地. 我所敵者, 當其一面而旁有隣國, 三面相連屬, 當往結之, 以爲己援. 先至者, 謂先遣使以重幣若和旁國也. 兵雖後至, 已得其國助矣"라 함.

【重地】 경지에 상대되는 말로 적경 깊이 들어가 다시 되돌아나오기 어려운 곳. 曹操는 "難返之地"라 하였고, 梅堯臣은 "乘虛而入, 涉地愈深, 過城已多, 津要絶塞, 故曰重難之地"라 함.

【死地】 싸워서 이기지 않고는 살아나올 수 없는 곳.

【爭地則無攻】 梅堯臣은 "形勝之地, 先據乎利; 敵若已得其處, 則不可攻"이라 함.

【交地則無絶】 梅堯臣은 "道旣錯通, 恐其邀截, 當令部伍相及, 不可斷也"라 함.

【衢地則合交】 구지를 공략하고자 할 때는 제후와 외교를 펴서 합의를 이룬 다음에 실행해야 함을 말함.

【重地則掠】 梅堯臣은 "去國旣遠, 多背城邑, 糧道必絶, 則掠畜積以繼食"이라 함.

【圮地則行】 圮地(물이 괴이거나 땅이 젖은 곳)를 만났을 때는 신속히 통과하여 지나감. 張預는 "難行之地, 不可稽留也"라 함. 銀雀山 漢簡에는 모두 '泛地'로 되어 있음.

【圍地則謀】 포위를 당한 지역에서는 모책을 써서 벗어나야 함.

【死地則戰】 사지에 몰렸을 때는 싸워 이겨 벗어나야 함. 梅堯臣은 "前不得進, 後不得退, 旁不得走, 不得不速戰也"라 함.

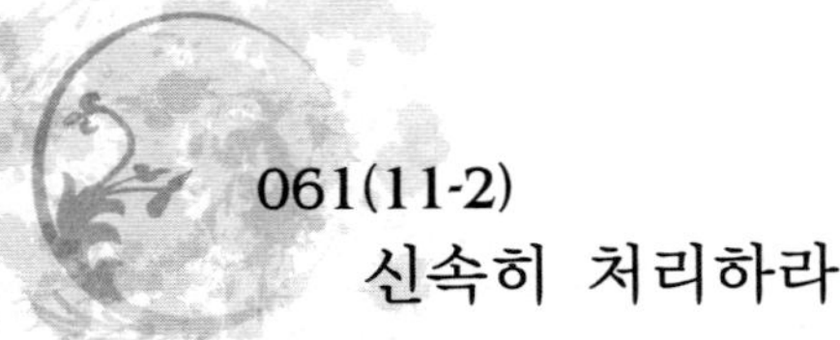

061(11-2)
신속히 처리하라

소위 옛날의 용병에 뛰어났던 자는, 적으로 하여금 전후가 서로 이어지지 않게 하며, 많고 적음의 군대가 서로 믿지 못하도록 하며, 귀천이 서로 구제해 주지 못하게 하며, 상하가 서로 도와 주지 못하게 하며, 병졸이 흩어진 다음에는 다시 집결하지 못하게 하며, 병졸이 합하고도 서로 일사불란하게 할 수 없도록 하였다.

이익에 합당하면 출동하고, 이익에 합당하지 아니하면 중지하였다.

감히 묻건대 "적은 무리도 많고, 잘 정돈되어 있는 상태로 장차 쳐들어오려 한다면 어떻게 이를 대비해야 합니까?"

대답은 이렇다.

"먼저 그들이 아끼는 것을 빼앗아 버리면 그들이 우리 뜻을 들어 줄 수밖에 없게 된다."

용병의 정황은 급히 처리하는 것을 중요하게 여긴다. 상대가 아직 미치지 못한 틈을 이용하고, 그들이 생각지 못한 뜻밖의 일을 거쳐 그들이 경계하지 못하고 있는 부분을 공략하는 것이다.

所謂古之善用兵者, 能使敵人前後不相及, 衆寡不相恃, 貴賤不相救, 上下不相扶, 卒離而不集, 兵合而不齊.

合於利而動, 不合於利而止.

敢問:「敵衆整而將來, 待之若何?」

曰:「先奪其所愛, 則聽矣.」

兵之情主速, 乘人之不及, 由不虞之道, 攻其所不戒也.

【所謂】 문단 첫머리의 이 두 글자는 〈三民本〉에는 빠져 있음.
【不相及】 서로 만나지 않도록 함.
【不相收】 서로 모여 있지 않도록 함.
【不虞之道】 생각지 못하던 뜻밖의 경우.

적의 영토에서의 전투

　적의 영토에 들어가 작전을 펼치는 객군이 되었을 때의 방법은 깊이 들어갈수록 전군의 마음과 행동을 일치시켜야 주군主軍이 우리를 이겨내지 못하게 된다.

　풍요한 고을의 들에서 적의 양식과 마소 먹이를 약취하여 전군의 공급과 먹이를 조달해야 하며, 삼가 부대를 휴양시켜 지나친 피로가 겹치도록 해서는 안 된다. 그리고 기력을 모으고 힘을 축적하여, 병법을 운용하며 모책을 세워, 적으로 하여금 우리의 의도를 예측할 수 없도록 해야 한다. 진공하는 부대는 단지 앞으로 나갈 수 있을 뿐 도망갈 길은 없도록 하여야 사졸들이 죽을지언정 패하여 물러서는 일이 없게 된다. 죽고자 해도 할 수 없는 경우라면 사졸들은 진력을 다하게 마련이다.

　병사들이란 함정에 심하게 빠져들면 두려움을 잃게 되고, 더 나아갈 수 없는 지경에 이르면 굳세어진다. 그리고 깊이 들어가면 부대는 서로 묶여 흩어지지 못하며 부득이할 때는 싸우게 된다.

　이 까닭으로 그러한 병사는 수련하지 않아도 경계를 펼치며, 요구하지 않아도 자신의 일을 해내게 되며, 약속을 하지 않아도 서로 친하게 되며, 명령을 내리지 않아도 서로 믿게 된다.

　망언이나 미신을 금지하며, 부대의 의심을 제거하면, 그들은 죽음에 이르도록 물러서지 않을 것이다.

아군에게 충분한 재물이 없다는 것은 결코 더 이상 재물이 필요치 않다는 것이 아니며, 그들이 생명의 위험을 돌아보지 않는다는 것은 결코 오래도록 살고 싶지 않다는 것이 아니다.

출동 명령을 내리는 날, 사졸은 앉은 자는 울며 옷깃을 적시고, 엎어진 자는 눈물이 턱을 가로질러 범벅이 된다. 이들은 더 갈 곳이 없는 것으로 투입하는 것은 전제專諸나 조귀曹劌와 같은 용기에서 나오는 것이다.

凡爲客之道: 深入則專, 主人不克. 掠於饒野, 三軍足食. 謹養而勿勞, 倂氣積力, 運兵計謀, 爲不可測. 投之無所往, 死且不北. 死焉不得, 士人盡力.

兵士甚陷則不懼, 無所往則固, 深入則拘, 不得已則鬪.

是故其兵不修而戒, 不求而得, 不約而親, 不令而信.

禁祥去疑, 至死無所之.

吾士無餘財, 非惡貨也;

無餘命, 非惡壽也.

令發之日, 士卒坐者涕霑襟, 偃臥者淚交頤. 投之無所往者, 諸劌之勇也.

【客】客軍. 적의 영토에 들어가 작전을 펼치는 군대. 主軍에 상대되는 말.

【主人不克】梅堯臣은 "爲客者, 入人之地深, 則士卒專精, 主人不能克我"라 함.

【無所往】갈 곳이 없음. 死地에 처함을 뜻함.

【甚陷則不懼】사졸들이 아주 깊은 함정에 빠지면 도리어 무서움을 느끼지 못함.
張預는 "陷在危亡之地, 人持必死之志, 豈復畏敵也?"라 함.

【禁祥去疑】미혹함이 사라지고 의혹이 없어짐. 梅堯臣은 "妖祥之事不作, 疑惑之
言不入"이라 함.

【諸劌】專諸와 曹劌를 가리킴. 춘추시대 유명한 자객으로 전제는 吳나라 孔子
光이 吳王 僚를 살해하고 자립하고자 할 때 伍子胥가 이 전제를 공자 광에게
추천하여 구운 생선에 칼을 숨겨 오왕 료를 살해하고 자신도 오왕 료의 衛士에게
죽음을 당하였음. 한편 曹劌는 曹沫을 가리키며 魯나라 사람으로 魯莊公을
섬겨 齊桓公과 柯 땅에서 회맹을 할 때 비수를 들고 회의 단상에 올라 제환공을
위협, 잃었던 노나라 땅을 되찾았음.《史記》吳太伯世家에 "伍子胥之初奔吳,
說吳王僚以伐楚之利. 公子光曰: '胥之父兄爲僇於楚, 欲自報其仇耳. 未見其利.'
於是伍員知光有他志, 乃求勇士專諸, 見之光. 光喜, 乃客伍子胥. 子胥退而耕於野,
以待專諸之事. 十二年冬, 楚平王卒. 十三年春, 吳欲因楚喪而伐之, 使公子蓋餘·
燭肩以兵圍楚之六·灊. 使季札於晉, 以觀諸侯之變. 楚發兵絶吳兵後, 吳兵不得還.
於是吳公子光曰: '此時不可失也.' 告專諸曰: '不索何獲! 我眞王嗣, 當立, 吾欲求之.
季子雖至, 不吾廢也.' 專諸曰: '王僚可殺也. 母老子弱, 而兩公子將兵攻楚, 楚絶其路.
方今吳外困於楚, 而內空無骨鯁之臣, 是無奈我何.' 光曰: '我身, 子之身也.' 四月
丙子, 光伏甲士於窟室, 而謁王僚飮. 王僚使兵陳於道, 自王宮至光之家, 門階戶席,
皆王僚之親也, 人夾持鈹. 公子光詳爲足疾, 入于窟室, 使專諸置匕首於炙魚之中
以進食. 手匕首刺王僚, 鈹交於匈, 遂弑王僚. 公子光竟代立爲王, 是爲吳王闔廬.
闔廬乃以專諸子爲卿"라 하였으며, 같은《사기》齊太公世家에 "五年, 伐魯, 魯將
師敗. 魯莊公請獻遂邑以平, 桓公許, 與魯會柯而盟. 魯將盟, 曹沫以匕首劫桓公於
壇上, 曰: '反魯之侵地!' 桓公許之. 已而曹沫去匕首, 北面就臣位. 桓公後悔, 欲無
與魯地而殺曹沫. 管仲曰: '夫劫許之而倍信殺之, 愈一小快耳, 而棄信於諸侯, 失天
下之援, 不可.' 於是遂與曹沫三敗所亡地於魯. 諸侯聞之, 皆信齊而欲附焉. 七年,
諸侯會桓公於甄, 而桓公於是始霸焉"라 함.

한편 같은 《사기》 자객열전에는 이들을 함께 기술하여 다음과 같이 기술하고
있음.

"曹沫者, 魯人也, 以勇力事魯莊公. 莊公好力. 曹沫爲魯將, 與齊戰, 三敗北. 魯莊
公懼, 乃獻遂邑之地以和. 猶復以爲將. 齊桓公許與魯會于柯而盟. 桓公與莊公旣
盟於壇上, 曹沫執匕首劫齊桓公, 桓公左右莫敢動, 而問曰: '子將何欲?' 曹沫曰:
'齊强魯弱, 而大國侵魯亦甚矣. 今魯城壞卽壓齊境, 君其圖之.' 桓公乃許盡歸魯
侵地. 旣已言, 曹沫投其匕首, 下壇, 北面就羣臣之位, 顔色不變, 辭令如故. 桓公魯,
欲倍其約. 管仲曰: '不可. 夫貪小利以自快, 棄信於諸侯, 失天下之援, 不如與之.'
於是桓公乃遂割魯侵地, 曹沫三戰所亡地盡復予魯.

其後百六十有七年而吳有專諸之事. 專諸者, 吳堂邑人也. 伍子胥之亡楚而如吳也,
知專諸之能. 伍子胥旣見吳王僚, 說以伐楚之利. 吳公子光曰: '彼伍員父兄皆死於
楚而員言伐楚, 欲自爲報私讎也, 非能爲吳.' 吳王乃止. 伍子胥知公子光之欲殺吳
王僚, 乃曰: '彼光將有內志, 未可說以外事.' 乃進專諸於公子光. 光之父曰吳王諸樊.
諸樊弟三人: 次曰餘祭, 次曰夷眜, 次曰季子札. 諸樊知季子札賢而不立太子,
以次傳三弟, 欲卒致國于季子札. 諸樊旣死, 傳餘祭. 餘祭死, 傳夷眜. 夷眜死, 當傳
季子札; 季子札逃不肯立, 吳人乃立夷眜之子僚爲王. 公子光曰:「使以兄弟次邪,
季子當立; 必以子乎, 則光眞適嗣, 當立.」故嘗陰養謀臣以求立. 光旣得專諸, 善客
待之. 九年而楚平王死. 春, 吳王僚欲因楚喪, 使其二弟公子蓋餘·屬庸將兵圍楚
之灊; 使延陵季子於晉, 以觀諸侯之變. 楚發兵絶吳將蓋餘·屬庸路, 吳兵不得還.
於是公子光謂專諸曰: '此時不可失, 不求何獲! 且光眞王嗣, 當立, 季子雖來, 不吾
廢也.' 專諸曰: '王僚可殺也. 母老子弱, 而兩弟將兵伐楚, 楚絶其後. 方今吳外困於楚,
而內空無骨鯁之臣, 是無如我何?' 公子光頓首曰: '光之身, 子之身也.' 四月丙子,
光伏甲士於窟室中, 而具酒請王僚. 王僚使兵陳自宮至光之家, 門戶階陛左右,
皆王僚之親戚也. 夾立侍, 皆持長鈹. 酒旣酣, 公子光詳爲足疾, 入窟室中, 使專諸
置匕首魚炙之腹中而進之. 旣至王前, 專諸擘魚, 因以匕首刺王僚, 王僚立死. 左右
亦殺專諸, 王人擾亂. 公子光出其伏甲以攻王僚之徒, 盡滅之, 遂自立爲王, 是爲闔閭.
闔閭乃封專諸之子以爲上卿."

솔연率然이라는 뱀

　　그러므로 용병에 뛰어난 자는 비유컨대 솔연率然이라는 뱀과 같다.

　　솔연은 상산常山에 사는 뱀으로, 그 머리를 치면 꼬리가 대들고 그 꼬리를 치면 머리가 대들며, 그 가운데를 치면 꼬리와 머리가 함께 대든다.

　　감히 묻는다.

　　"병사를 가히 솔연처럼 부릴 수 있는가?"

　　"그렇게 할 수 있다."

　　무릇 오吳나라 사람과 월越나라 사람은 서로 증오하지만, 함께 배를 타고 물을 건너다 바람을 만나면 서로 구제해 주어 마차 좌우의 손과 같이 한다.

　　이 까닭으로 재갈 풀린 말이나 바퀴 빠진 수레는 믿을 것이 못된다. 일제히 용기를 하나로 하는 것이 정치의 도이며, 강유剛柔를 함께 얻음이 지형의 이치이다. 그러므로 용병에 뛰어난 자는 서로 손을 잡기가 마치 한 사람을 시키는 것과 같으니, 이는 그들로 하여금 부득이한 경우에 처하도록 해서 그런 것이다.

　　故善用兵, 譬如率然. 率然者, 常山之蛇也. 擊其首則尾至, 擊其尾則首至. 擊其中則首尾俱至.

　　敢問:「兵可使如率然乎?」

曰:「可.」

夫吳人與越人相惡也, 當其同舟而濟遇風, 其相救也, 如左右手.
是故方馬埋輪, 未足恃也. 齊勇若一, 政之道也; 剛柔皆得, 地之理也.
故善用兵者, 攜手若使一人, 不得已也.

【率然】 고대 전설 속의 뱀 이름.《神異經》西荒經에 "西方山中有蛇, 頭尾差大,
有色五彩. 人物觸之者, 中頭則尾至, 中尾則頭至, 中腰則頭尾幷至, 名曰率然"이라
하였으며,《博物志》권3에 "常山之蛇名率然, 有兩頭, 觸其一頭, 頭至; 觸其中,
則兩頭俱至. 孫武以喩善用兵者"라 함. 은작산 한간에 '衛然'으로 되어 있는 것으로
보아 '율연'으로 읽어야 할 듯함. 고대 物名은 거의 雙聲疊韻으로 되어 있었음.
【常山】 恒山. 지금의 山西省 渾源縣 동쪽에 있음. 중국 五嶽 중의 北嶽. 漢 文帝
劉恒의 이름을 피휘하여 常山으로 고쳐 불렀음. 그 뒤 北周 武帝 때 다시 恒山으로
불렀음.
【吳人與越人】 吳越同舟의 고사. 평소 아무리 미운 사이라 할지라도 환난을 만나면
서로 도와 준다는 뜻.
【方馬埋輪】 '方馬'는 고삐와 재갈 등을 묶은 말. '埋輪'은 바퀴가 빠져 전혀 움직일
수 없는 상태를 말함. 曹操 주에 "方, 縛馬也. 埋輪, 示不動也. 此言專難不如權巧.
故曰方馬埋輪, 不足恃也"라 하였고, 杜牧은 "縛馬使爲方陣, 埋輪使不動, 雖如此,
亦未足稱爲專固而足爲恃"라 함.
【攜手若使一人】 張預는 "三軍雖衆, 如提一人之手而使之, 言齊一也"라 함.

064(11-5)
삼군을 모아 사지死地로 투입함은

군대를 거느리는 큰 일은 다음과 같다. 생각을 냉정히 하여 깊이 헤아리고 공정하게 처리하여 얽힘이 없도록 해야 한다.

그리고 사졸들에게는 보고 듣는 것을 가려 그들로 하여금 군사의 기밀에 대하여는 일체 알 수 없도록 해야 한다.

작전을 바꾸고 모책을 혁신하되 남들이 알아차릴 수 없도록 해야 하며, 그 장소를 바꾸고 먼길을 돌아가더라도 남이 그 의도를 알아낼 수 없도록 해야 한다.

이들을 거느리고 그 부대에게 작전 임무를 부여할 때는, 마치 높은 곳에 올려놓고 그 사다리를 치워 버리듯 그 퇴로를 막아 버려야 한다.

병사를 거느리고 적국 제후의 영토 깊숙이 들어가서는, 그 무기를 발사하듯이 서둘러 타고 온 배는 태워 버리고 솥도 부수어 버려야 한다. 이렇게 마치 양의 무리를 몰고 가듯 앞으로 나섰다가 다시 몰고 오기도 하여 어디로 가는지도 모르게 해야 한다.

삼군의 무리를 모아 위험한 곳에 투입해야 하니 이를 일러 군대를 거느리는 일이라 한다.

구지九地의 변화는 상황에 따라 굽히고 펴면서 이해득실을 따져야 하며, 그때 그때의 환경에 따라 적과 아군의 심리를 정황에 따라야 하니 잘 살피지 아니할 수 없다.

將軍之事: 靜以幽, 正以治. 能愚士卒之耳目, 使之無知. 易其事, 革其謀, 使人無識. 易其居, 迂其途, 使人不得慮. 帥與之期, 如登高而去其梯. 帥與之深入諸侯之地, 而發其機, 焚舟破釜, 若驅群羊而往, 驅而來, 莫知所之.

聚三軍之衆, 投之於險, 此謂將軍之事也.

九地之變, 屈伸之利, 人情之理, 不可不察也.

【靜以幽】 모책을 짜되 남들이 알아보지 못하도록 함. 張預는 “其謀事, 則安靜而幽深, 人不能測”이라 함.

【正以治】 張預는 “其御下, 則公正而整治, 人不敢慢”이라 함.

【焚舟破釜】 더 이상 물러설 수 없으며, 승리하지 못하고는 되돌아갈 수 없음을 보이기 위한 것임. 〈三民本〉에는 이 구절이 빠져 있음.

【九地之變, 屈伸之利】 張預는 “九地之法, 不可拘泥, 須識變通, 可屈則屈, 可伸則伸, 審所利而已”라 하였고, 王晳은 “明九地之利害, 亦當極其變耳. 言屈伸之利者, 未見便則屈, 見便則伸. 言人情之理者, 深專·淺散·圍御之謂也”라 함.

065(11-6)
살아남지 않겠다는 투지

무릇 객군客軍으로서의 작전 방법은 깊이 들어가면 장병의 마음이 전일하게 되지만, 얕게 들어가면 장병의 마음이 흩어져 해이하게 된다.

고국을 떠나 국경을 넘어 작전을 펼치는 것은 절지絶地이다.

사방이 모두 트여 누구나 다 이를 수 있는 땅은 구지衢地이다.

깊이 들어간 곳이 중지重地이며, 얕게 들어간 곳은 경지輕地이다.

뒤는 험고한 산이며 앞이 막힌 곳은 위지圍地이며, 더 이상 나갈 수 없는 곳은 사지死地이다.

이 까닭으로 산지에서는 우리 아군의 뜻을 견고하게 하나로 묶어야 하며, 경지에서는 아군 부대들이 계속 연결되도록 해야 하며, 쟁지에서는 아군의 후속 부대가 계속 쫓아오도록 해야 하며, 교지에서는 조심하여 수비하는 데에 힘써야 하며, 구지에서는 아군이 이웃 나라와 결교를 튼튼히 해야 하며, 중지에서는 아군이 그 식량을 계속 보급받을 수 있도록 해야 하며, 비지圮地에서는 아군이 신속하게 통과해야 하며, 위지에서는 그 트인 곳을 막아야 하며, 사지에서는 아군이 장차 살아남지 않겠다는 투지를 보여야 한다.

그러므로 전투 정황은 포위당하였다면 막아야 하고, 부득이할 때라면 싸워야 하며, 잘못이 있으면 명령을 따라야 한다.

凡爲客之道: 深則專, 淺則散.

去國越境而師者, 絶地也;

四達者, 衢地也;

入深者, 重地也;

入淺者, 輕地也;

背固前隘者, 圍地也;

無所往者, 死地也.

是故散地, 吾將一其志:

輕地, 吾將使之屬;

爭地, 吾將趨其後;

交地, 吾將謹其守;

衢地, 吾將固其結;

重地, 吾將繼其食;

圮地, 吾將進其塗;

圍地, 吾將塞其闕;

死地, 吾將示之以不活.

故兵之情: 圍則禦, 不得已則鬪, 過則從.

【絶地】 퇴로가 없이 꽉 막힌 지형에 구원군도 오기 어려운 곳에는 머물러 있어서는
안됨. 重地·輕地·散地·圮地·圍地·死地 등 여러 형태의 지형과 상황 중의 하나.

【四達】 〈三民本〉에는 "四徹"로 되어 있음.

【背固前隘】 배후는 험고하고 앞은 막힌 곳. 梅堯臣은 "背負險固, 前當厄塞"이라
하였고, 張預는 "前狹後險, 進退受制於人也"라 함.

【塞其闕】 살아날 길을 막아 사졸로 하여금 죽음을 무릅쓰고 싸우도록 함.

066(11-7)
지세의 유리함을 적극 활용하라

이 까닭으로 다른 제후들의 모책을 아직 모르고 있다면, 그 제후와 외교를 맺어서는 안 된다.

그리고 산림山林과 험조險阻함, 저택沮澤의 지형을 잘 알지 못한다면 행군해서는 안 된다.

향도鄕導을 잘 활용하지 않으면 지세의 유리함을 터득할 수 없다.

아홉 가지 지형 중에 하나라도 모른다면 이는 패자나 왕자의 군사가 아니다.

무릇 패자나 왕자의 군대로서 대국을 친다면 그 대국이라 해도 많은 무리를 모아 대적할 수 없고 만약 적에게 위세로써 가한다면 그들과 외교가 있는 나라라도 그를 돕겠다고 나설 수 없다.

이 까닭으로 천하와 외교를 다툴 필요도 없고 천하의 권세 있는 나라를 받들어 모실 필요도 없으며 자신의 사사로움을 믿어주는 자로서 적에게 위세를 가하여 이로써 그 적국의 성을 가히 뽑아버릴 수 있고 그 나라를 가히 허물어뜨릴 수 있게 되는 것이다.

是故不知諸侯之謀者, 不能預交;

不知山林·險阻·沮澤之形者, 不能行軍;

不用鄕導者, 不能得地利.

四五者, 不知一, 非霸·王之兵也.

夫霸·王之兵, 伐大國, 則其衆不得聚; 威加於敵, 則其交不得合.

是故不爭天下之交, 不養天下之權, 信己之私, 威加於敵.

故其城可拔, 其國可隳.

【預交】 서로 더불어 외교관계를 맺음. ‘預’는 ‘與’와 같음.
【鄕導】 嚮導와 같음. 지형지물을 파악하기 위하여 앞서 보낸 척후병. 그러나 뜻으로 보아 그 고을 출신으로 그곳의 지형과 지리에 대하여 익숙한 사람의 안내를 가리키는 것이 아닌가 함.
【四五】 네 가지와 다섯 가지 합하여 아홉 가지 지형, 즉 九地를 뜻함.
【霸·王】 ‘霸’는 춘추오패와 같은 패도정치의 군주. 무력으로 뜻을 실행하는 군주. ‘王’은 왕도정치의 군주.
【隳】 ‘허물다’(毀)의 뜻.

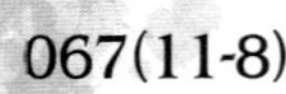

067(11-8)
사지死地에 빠져야 살아남는다

　법에도 없는 상을 내리고 정령에도 없는 명령을 달아 보여 주어,
삼군의 무리를 지휘하되 마치 한 사람을 부리듯이 해야 한다.
　일을 시켜 지휘하되 그에게 말로 알려 주지 말 것이며,
　이익으로서 지휘하되 그에게 그 손해를 알려 주지 말아야 한다.
　살아나올 수 없는 땅에 던져 넣어야 그 뒤에 생존하는 법이며,
　사지에 빠뜨려야 그런 연후에 살아남는 것이다.
　무릇 무리란 위해危害에 빠진 연후에야 승패勝敗의 결정권을 쥘 수가
있는 것이다.

施無法之賞, 懸無政之令, 犯三軍之衆, 若使一人.
犯之以事, 勿告以言.
犯之以利, 勿告以害.
投之亡地, 然後存;
陷之死地, 然後生.
夫衆陷於害, 然後能爲勝敗.

【無法之賞】파격적인 상을 말함.
【懸無政之令】정령에 없는 명령을 내림. 현은 옛날 법조문을 써서 높이 달아
　누구나 알 수 있도록 하였던 것을 말함.
【犯】'감히 지휘하다'의 뜻.

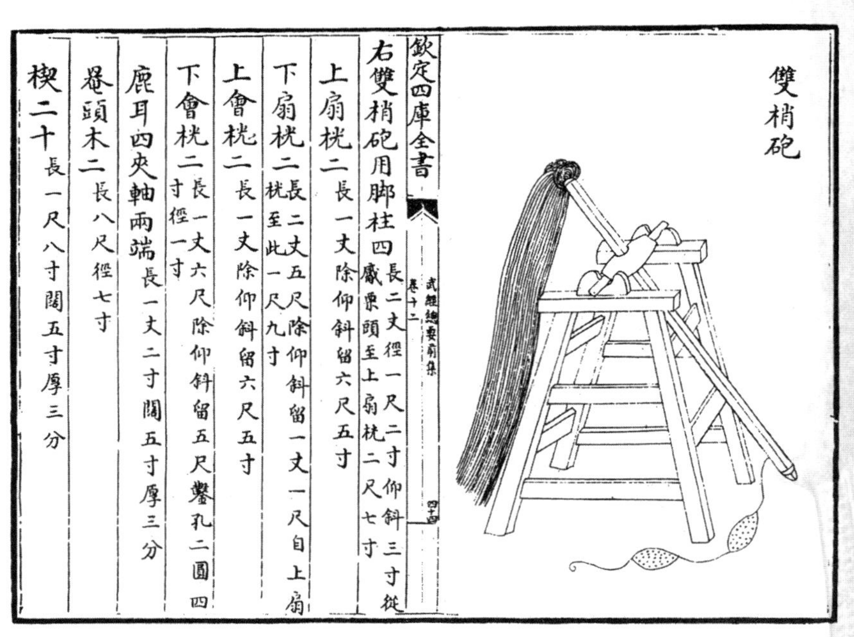

《武經總要》에 실려 있는 고대 각종 전투 장비

위험을 벗어난 토끼처럼

그러므로 용병의 일이란 적의 의도를 거짓으로 따르는 듯이 하면서 적을 대적하되, 뜻을 하나로 모아 집중시키며 천리 멀리의 적장을 죽이는 것이니, 이를 일러 교묘히 능히 일을 이루는 자라 하는 것이다.

이 까닭으로 거사하는 날에는 관문을 봉쇄하고, 적이 보낸 부절符節을 꺾어버려 그들이 더 이상 찾아오지도 못하게 하며, 낭묘廊廟에서 대책을 반복하여 따져 보며 그 일에 결단을 내린다.

적의 문이 일단 열렸다 하면 신속히 틈을 타고 진입하여, 그들이 아끼는 것을 선점하되 그들과 어떤 기약도 하지 말아야 한다. 계약도 짓밟아 적의 상황에 따를 뿐이며, 이로써 작전의 모든 유리한 결정을 내 쪽에서 내려야 한다.

이 까닭으로 처음에는 처녀처럼 조용하되 적이 문을 열었다 하면, 그 뒤에는 위험에서 벗어난 토끼처럼 하여 적이 미처 항거조차도 할 겨를이 없도록 해야 한다.

故爲兵之事, 在於順詳敵之意, 并敵一向, 千里殺將, 此謂巧能成事者也.

是故政擧之日, 夷關折符, 無通其使;

勵於廊廟之上, 以誅其事.

敵人開闔, 必亟入之, 先其所愛, 微與之期.

踐墨隨敵, 以決戰事.

是故始如處女, 敵人開戶, 後如脫兎, 敵不及拒.

【順詳】 詳은 佯과 같음. 거짓으로 적의 의도를 따르는 듯이 함.

【政擧之日】 전쟁을 하기로 결정한 날.

【夷關折符】 夷는 '봉쇄하다'의 뜻. 관문을 봉쇄하고 상대가 보낸 부절을 꺾어버림.

【廊廟】 조상의 사당에서 대사를 결정지을 때 치르는 의식과 회합.

【誅其事】 誅는 治와 같음. 그 일을 결단하여 다스림.

【開闔】 문을 열고 그 틈을 타고 들어감. 曹操 주에 "敵有間隙, 當急入也"라 함.

【先其所愛】 상대가 아끼거나 아까워하는 것부터 먼저 탈취함.

【微與之期】 적과 그 交戰의 날짜를 약속하지 않음. '微'는 '無'와 같음.

【踐墨】 '踐'은 실행, '墨'은 외교상의 어떤 계약이나 常規.

【開戶】 적이 문을 열어 놓고 있음. 방비가 허술한 채로 방심하고 있음을 뜻함.

손
자

12. 화공편火攻篇

본편에서는 화인火人·화적火積·화치火輜·화고火庫·화대火隊의
다섯 가지 화공법을 제시하여 공격시 요령과 대응 방법 등을
설명하고 있다. 그러나 역시 중전重戰과 신전愼戰의 원칙을 내세워
결론을 맺고 있다.

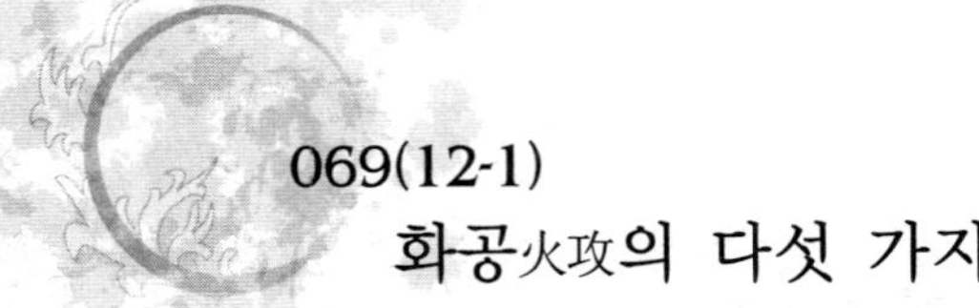

069(12-1)
화공火攻의 다섯 가지

손자가 말하였다.

화공火攻에는 다섯 가지 방법이 있다.

첫째 화인火人, 둘째 화적火積, 셋째 화치火輜, 넷째 화고火庫, 다섯째 화대火隊이다.

불을 지를 때는 반드시 불을 일으키는 도구가 있어야 하며, 그 불을 일으키는 도구는 평소에 잘 갖추어 두어야 한다. 그리고 불을 지를 때는 날씨에 맞아야 하며, 불을 일으킬 때는 그 날짜에 맞아야 한다.

시간이란 날씨가 건조함을 뜻하며, 날짜란 달이 기성箕星·벽성壁星·익성翼星·진성軫星의 별자리에 있을 때를 말한다.

무릇 이 네 가지 별자리는 바람이 일어나는 날이기 때문이다.

孫子曰: 凡火攻有五: 一曰火人, 二曰火積, 三曰火輜, 四曰火庫, 五曰火隊.

行火必有因, 煙火必素具. 發火有時, 起火有日. 時者, 天之燥也. 日者, 月在箕·壁·翼·軫也.

凡此四宿者, 風起之日也.

【火人】 적의 군사들이 있는 군영과 막사, 人馬에게 불로 공격함을 말함. 李筌은 “焚其營, 殺其士卒也”라 하였고, 杜牧은 “焚其營柵, 因燒兵士”라 함.

【火積】 군량과 마소의 먹이를 태워 없앰. 梅堯臣은 “焚其委積, 以因芻糧”이라 함.

【火輜】 군용 장비를 실은 수레를 불태워 버림.

【火庫】 무기고에 불을 지름.

【火隊】 적의 운반 시설 등을 불태움. ‘隊’는 ‘遂’와 같으며, 도로나 교통 시설을 뜻함.

【發火有時】 날씨나 바람 등 자연 조건을 살펴 불을 질러야 함을 말함.

【箕壁翼軫】 모두 이십팔수(二十八宿) 별자리 중의 하나씩임. 箕는 東方 蒼龍 칠수의 하나이며, 壁은 북방 玄武 칠수의 하나. 翼과 軫은 남방 朱雀 칠수의 각 하나씩의 별자리. 달이 이 별자리를 지날 때는 바람이 많이 분다고 함. 李筌은 “天文志, 月宿此者多風”이라 함.

날짜와 기후를 계산하여

　무릇 화공은 반드시 이상의 다섯 가지 방법의 변화를 근거로 하되, 적의 상황에 따라 대응하여 실시한다.

　적의 병영 내부에 불을 지를 때라면, 먼저 일찍 밖에 아군을 배치하여 응하게 하되, 불이 타고 있는데도 그들 병사가 조용하다면, 기다리며 진공해 들어가서는 안 된다. 그 화력이 최고조에 달하면 가히 치고 들어갈 만하면 들어가고, 따라 들어가서는 안 된다고 판단되면 그쳐야 한다.

　만약 밖으로부터 안으로 불을 지를 수 있다면, 적군 안쪽의 상황을 기다릴 필요가 없으며 때맞추어 불을 지르면 된다.

　바람 부는 쪽을 따라 불을 질러야 하며, 바람이 불어오는 곳을 향하여 공격해서는 안 된다. 낮에는 불을 지르고 바람을 따라 병졸이 진격해 들어가도 되지만, 밤이라면 바람을 따라 불을 지르되 그에 맞추어 진격해 들어가서는 안 된다.

　무릇 군사로서 반드시 이 다섯 가지 화공의 변화를 알고, 화공의 날짜와 기후를 계산하여 그대로 준수해야 한다.

凡火攻, 必因五火之變而應之.

火發於內, 則早應之於外, 火發而其兵靜者, 待而勿攻. 極其火力, 可從而從之, 不可從而止.

火可發於外, 無待於內, 以時發之. 火發上風, 無攻下風. 晝風久, 夜風止.

凡軍必知有五火之變, 以數守之.

【從】 불길을 따라 공격해 들어감.

【晝風久】 '晝風從'의 오기로 봄. 劉寅의 《武經七書直解》에 張賁의 설을 인용하여 "久字, 古從字之誤也. 謂白晝遇風而發火, 則當以兵從之; 遇夜風而發火, 則止而 不從. 恐彼有伏, 反乘我也"라 함.

【以數守之】 날짜와 천문, 별자리 등을 계산하여 이를 지켜야 함.

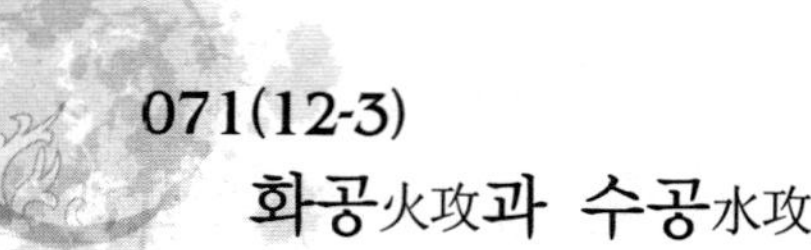

071(12-3)
화공火攻과 수공水攻

　　그러므로 불로써 공격의 보탬을 삼으면 명확하고, 물로써 공격의 보탬을 삼으면 강력해진다. 물은 가히 적군끼리의 연계를 끊어 버릴 수 있으며, 불은 적군의 물자를 빼앗을 수 있다.

　　故以火佐攻者明, 以水佐攻者强. 水可以絶, 不可以奪.

【絶】 끊어 버림. 잘라 버림. 적군끼리의 연결을 끊어 버림.
【不可以奪】 여기서 '不'자는 '火'자의 잘못으로 봄. 글자의 모양이 비슷하여 잘못 판각된 채로 전해 내려온 것으로 여김. 불로는 가히 상대를 빼앗을 수 있음을 말함. 그러나 〈三民本〉에는 "물로는 적군의 물자를 빼앗을 수는 없다"로 보았음.

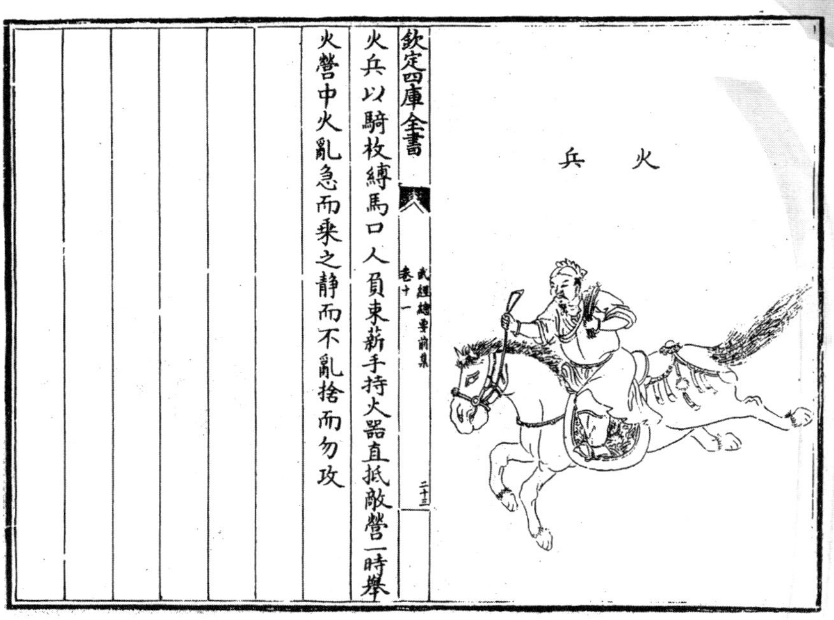

《武經總要》에 실려 있는 고대 각종 전투 장비

헛심만 쓴 전쟁

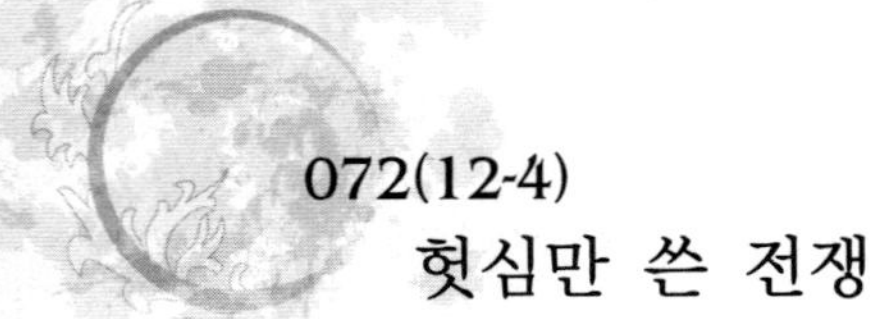

무릇 전투에서 승리하고 공격하여 취하였음에도 그 공을 잘 고려하지 않는 것은 흉한 것이니, 이를 두고 비류費留라 한다.

그러므로 명석한 군주는 이를 잘 염려하고, 훌륭한 장수는 이를 잘 고려한다. 그리하여 이롭지 않으면 움직이지 아니하고, 얻을 것이 아니라면 사용하지 않으며, 위험하지 않으면 구태여 전쟁을 벌이지 않는다.

군주라면 화가 났다고 해서 군대를 일으키는 법이 없으며, 장수라면 분한 기분이라 해서 전투를 벌이지는 않는다.

이익에 합당하면 출동하고, 이익에 합당하지 않으면 중지한다.

노기는 다시 상대의 즐거움이 될 수 있으며, 분함이란 다시 상대의 기쁨이 될 수도 있다. 망한 나라는 다시 존속시킬 수 없고, 죽은 자는 다시 살려 낼 수 없다. 그러므로 명석한 군주는 근신하며 뛰어난 장수는 이를 경계한다.

이것이 나라를 안전하게 하고 군대를 온전히 하는 도이다.

夫戰勝攻取, 而不修其功者凶, 命曰‘費留’.

故曰: 明主慮之, 良將修之.

非利不動, 非得不用, 非危不戰.

主不可以怒而興師, 將不可以慍而致戰.

合於利而動, 不合於利而止.

怒可以復喜, 慍可以復悅.

亡國不可以復存, 死者不可以復生.

故明君愼之, 良將警之.

此安國全軍之道也.

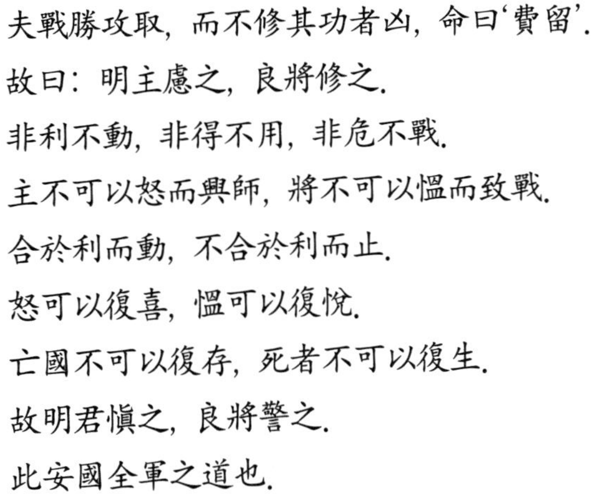

【修其功】 공을 세움. 그러나 역대 많은 주석에는 "공 있는 자에게 상을 내리다"의 뜻으로 보았음.

【命】 '名'과 같음.

【費留】 헛되이 전쟁의 비용을 사용함. 曹操 주에 "若水之留, 不復還也"라 함.

【修之】 여러 가지 문제를 잘 고려함. '修'는 '고려하다'의 뜻.

손
자

13. 용간편 用間篇

본편은 간자의 활용을 강조한 내용이다. 승리를 위해서는 적의 상황을 미리 알아야 하며 이러한 정탐 활동은 실제 전투보다 더욱 중요하며 실질적인 정보를 이용하여 군의 미신과 불신·의혹·불확실을 제거하며, 그에 맞게 전략을 수립하고 최후의 승리를 거두어야 함을 첫장 〈계편計篇〉과 수미쌍관을 삼아 주장하고 있다.

남보다 먼저 알기란 귀신으로서도 힘들다

손자가 말하였다.

두릇 10만의 군사를 일으켜 천 리를 원정한다면, 백성의 비용과 공가公家의 부담이 하루에 천 금씩 든다. 내외가 소동하고 도로에는 사람이 지쳐 쓰러지며, 자신의 생업을 제대로 해 나갈 수 없는 자가 70만 가구나 된다.

그리고 서로 수년을 지키다가 단 하루 만에 승리를 거두었다 해도, 적의 정황을 제대로 알지 못한다면, 이는 어질지 못함의 지극함이다. 이러한 자는 사람의 장수가 아니며, 임금의 보좌가 아니며, 승리의 주인이 아니다.

그러므로 명석한 군주와 현명한 장수로서 움직였다 하면 남을 이기고, 많은 무리 속에 성공을 거두어 내는 것은, 자신만이 먼저 알고 있는 것이 있기 때문이다.

남보다 먼저 알고 있다는 것은, 귀신으로부터도 얻을 수 있는 것이 아니며, 일에도 그 상징이 드러나는 것이 아니며, 헤아림으로도 징험해 볼 수 있는 것이 아니니, 반드시 사람으로부터 얻어야 하는 것이며 적의 정황을 아는 자여야 한다.

孫子曰: 凡興師十萬, 出兵千里, 百姓之費, 公家之奉, 日費千金. 內外騷動, 怠於道路, 不得操事者, 七十萬家.

相守數年, 以爭一日之勝, 而愛爵祿百金, 不知敵之情者, 不仁之至也. 非人之將也, 非主之佐也, 非勝之主也.

故明君賢將, 所以動而勝人, 成功出於衆者, 先知也.

先知者, 不可取於鬼神, 不可象於事, 不可驗於度. 必取於人, 知敵之情者也.

【七十萬家】《周禮》에 9夫를 1井, 4井을 1邑, 4邑을 1丘, 4丘를 1甸으로 조직하였으며, 전쟁이 벌어지면 매 丘마다 戎馬 1필, 소 3두씩을 공출하며, 甸에는 戰車 1승, 말 4필, 소 12두, 甲士 3명, 步卒 72명, 등 모두 75명을 징집하였다 함. 이에 따라 10만 군사를 징집할 경우 75만 호의 가정에 軍籍이 있게 마련이며, 이에 따라 奔忙하여 농사를 짓는데 어려움이 있음을 뜻함.

【怠】물자를 나르고 출정을 서두느라 일반 백성이 길에서 노고로움을 당함.

【愛】아끼고 인색하게 여김.

【象於事】그 일에 미루어 살펴 알 수 있음. 杜牧은 "象者, 類也. 言不可以他事比類而求"라 함.

【驗於度】天命과 因果 등의 원리에 따라 徵驗하고 檢證함. 度는 度數, 曆數, 運數, 氣數와 같음.

다섯 종류의 간자

　그러므로 간자을 이용함은 다섯 가지가 있으니 인간因間·내간內間·반간反間·사간死間·생간生間이 그것이다.

　다섯 가지 간자가 함께 일어나면 그 도를 알아낼 수 없으니, 이를 일러 신기神紀라 하며 임금에게 보배이다.

　인간이란 그 고을 출신의 사람을 이용하는 것이다.

　내간이란 그 곳의 관직을 가진 자를 이용하는 것이다.

　반간이란 그 적을 간첩으로 이용하는 것이다.

　사간이란 정보를 가짜로 만들어, 우리의 간자가 이 정보를 가지고 적군에게 가서 적에게 일러 주도록 꾸미는 것이다.

　생간이란 정보를 탐지하고 살아 돌아와 보고할 수 있도록 하는 것이다.

故用間有五: 有因間, 有內間, 有反間, 有死間, 有生間.

五間俱起, 莫知其道, 是謂神紀, 人君之寶也.

因間者, 因其鄕人而用之.

內間者, 因其官人而用之.

反間者, 因其敵間而用之.

死間者, 爲誑事於外, 令吾間知之, 而傳於敵.

生間者, 反報也.

【因間】鄕間이 아닌가 함. 본문에서 거론한 五間의 하나로 적의 고향 출신을
간자로 활용함.

【神紀】신묘한 綱紀. 梅堯臣은 "五間俱起以間敵, 而莫知我用之之道, 是曰神妙之
綱紀"라 하였고, 張預는 "玆乃神妙之綱紀"라 하였음. 한편 楊炳安은《孫子會箋》
에서 "是謂神紀卽是謂神矣. 言此乃高明者也"라 함.

【死間】내가 고의로 정보를 누설하여 내가 사용한 간자를 죽이도록 만드는
것이라 함. 이중 간자로 몰아 정보를 역이용함을 뜻함. 혹은 의지가 굳지 않은
간자일 경우, 적으로 하여금 죽이도록 미리 누설함을 뜻한다고도 함.

간자의 첩보만큼 믿을 수 있는 것은 없다

그러므로 삼군의 믿음은 간자의 정보만큼 믿을 만한 게 없으며, 간자에게 줄 만큼의 상보다 후한 게 없으며, 간자에게 주어진 비밀보다 더 막중한 일이란 없다.

성인이나 지혜로운 자가 아니고서는 능히 간자를 사용할 수 없으며, 인의로 하지 않고서는 간자를 부릴 수 없으며, 미묘함이 아니라면 간자의 실효를 얻어 낼 수 없다.

미묘하도다! 미묘하도다! 간자를 사용하지 못할 곳이 없도다. 간자가 출발하기도 전에 이를 먼저 듣고 안다고 소문을 내는 자는 간자가 내통하여 고해 준 자이니 모두 죽여야 한다.

故三軍之親, 莫親於間, 賞莫厚於間, 事莫密於間.
非聖智不能用間, 非仁義不能使間, 非微妙不能得間之實.
微哉! 微哉! 無所不用間也. 間事未發而先聞者, 間與所告者皆死.

【三軍之親】 '親'은 일부 판본에 '事'로 되어 있으나 이는 오기로 봄. 漢簡과 《通典》,《太平御覽》 등에는 모두 '親'으로 되어 있음. '믿음, 친히 여김'의 뜻이다.
【間事未發而先聞者】 아군에서 아직 간자 활동을 구체적으로 실행하지 않고 모의 단계일 때, 적이 이미 알고 있는 경우를 말함.

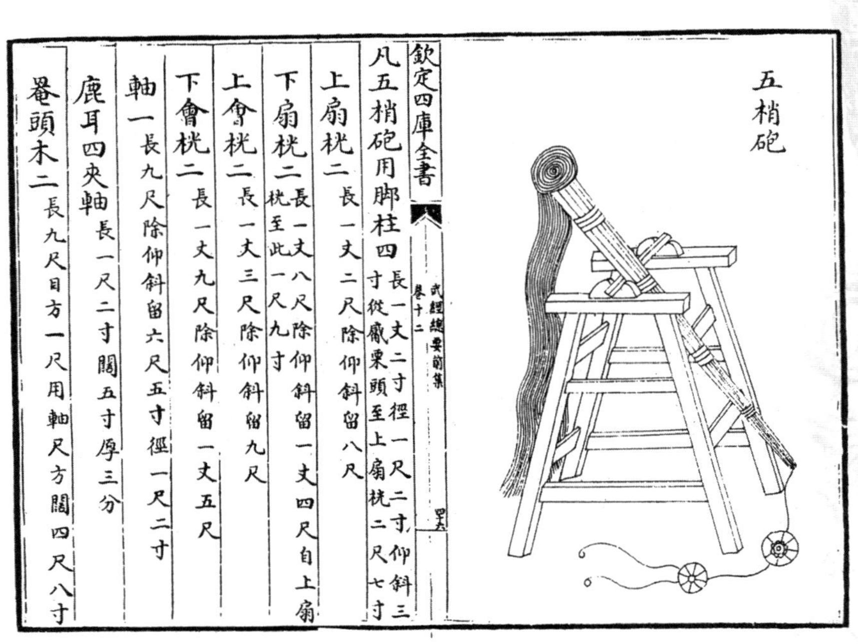

欽定四庫全書

五梢砲

武經總要前集　卷十二

凡五梢砲用脚柱四　長一丈二寸徑一尺二寸仰斜三寸從虅栗頭至上扇枕二尺七寸

上扇枕二　長一丈二尺除仰斜留八尺

下扇枕二　長一丈八尺除仰斜留一丈四尺自上扇枕至此一尺九寸

上會枕二　長一丈三尺除仰斜留九尺

下會枕二　長一丈九尺除仰斜留一丈五尺

軸一　長九尺除仰斜留六尺五寸徑一尺二寸

鹿耳四夾軸　長一尺二寸闊五寸厚三分

鵞頭木二　長九尺目方一尺用軸尺方闊四尺八寸

《武經總要》에 실려 있는 고대 각종 전투 장비

반간을 후하게 해 주어야 한다

무릇 아군으로서 적을 공격하고자 하고, 그 성을 공격하고자 하고 그 사람을 죽여 없애고자 한다면, 반드시 먼저 그 적의 지키는 장수와 좌우 신하, 알자, 문자, 사인의 성명을 알아내어 우리가 보내는 간자로 하여금 반드시 정찰하여 샅샅이 알고 있도록 해야 한다.

그리고 적이 보낸 간자로서 우리에게 온 자도 샅샅이 찾아내어 이를 바탕으로 이익으로 유인해야 하며, 그를 인도하였다가 놓아 주어야 한다. 그러므로 반간으로 삼아 우리가 이용할 수 있다.

이 반간의 정보를 근거로 적정을 알아내어, 그 때문에 향간과 내간을 가히 얻어 부릴 수 있게 된다.

이 향간과 내간의 정보를 근거로 적정을 알아내어, 사간이 거짓 정보를 만들어 적에게 보내어 그것을 일러바치게 할 수 있다.

이 사간의 정보를 근거로 적정을 알아내어, 생간으로 하여금 정보를 가지고 다시 돌아오기를 기약할 수 있게 되는 것이다.

다섯 가지 간자의 일이란 임금이라면 반드시 알고 있어야 하며, 알고 있을 수 있는 것은 반간에게서 비롯되는 것이니, 그러므로 반간은 후하게 해 주지 않으면 안 되는 것이다.

凡軍之所欲擊, 城之所欲攻, 人之所欲殺, 必先知其守將·左右·
謁者·門者·舍人之姓名, 令吾間必索知之.

必索敵人之間來間我者, 因而利之, 導而舍之, 故反間可得而用也.

因是而知之, 故鄕間·內間可得而使也;

因是而知之, 故死間爲誑事, 可使告敵;

因是而知之, 故生間可使如期.

五間之事, 主必知之, 知之必在於反間, 故反間不可不厚也.

【謁者】 전달, 통보를 맡은 관원.《禮記》曲禮 鄭玄 주에 "謁者, 主賓客告情之事"
라 함.

【門者】 문지기.

【舍人】 門客의 막료.

【索】 모두 찾아 샅샅이 숙지하고 있도록 함.

【導而舍之】 인도하여 아군의 쓰임에 따르도록 한 뒤에 이를 석방하여 줌. '舍'는
'捨'와 같으며 '釋'의 뜻.

이윤伊尹과 강태공姜太公의 간자활동

옛날 은殷나라가 흥할 때 이윤伊尹은 적국 하夏나라에 있었고, 주周나라가 흥할 때에 여상呂尙은 적국 은殷나라에 있었다.

그러므로 오직 명석한 군주와 뛰어난 장수만이 능히 상지上智를 간자로 삼아 결국 큰 공을 이룰 수 있는 능력이 있었던 것이다.

이것이 병법의 요체이며 삼군이 믿고 출동할 수 있는 바이다.

〈孫武訓練宮女圖〉 企周(그림)

昔殷之興也, 伊摯在夏;

周之興也, 呂牙在殷.

故惟明君賢將, 能以上智爲間者, 必成大功.

此兵之要, 三軍之所恃而動也.

【殷】 商의 湯임금이 夏나라 桀을 멸하고 세운 국가. 亳에 도읍을 정하였다가 盤庚 때 殷으로 도읍을 옮김.

【伊摯】 伊尹을 가리킴. 상탕을 도와 은나라에 큰 공을 세운 개국공신. 원래 有莘氏의 잉신(媵臣)이었으며 탕에게 발탁되었음. 한때 탕을 떠나 夏나라에 가서 간자 역할을 한 것으로 보고 있음.《史記》殷本紀에 "伊尹名阿衡. 阿衡欲奸湯而無由, 乃爲有莘氏媵臣, 負鼎俎, 以滋味說湯, 致于王道. 或曰: '伊尹處士, 湯使人聘迎之, 五反然後肯往從湯, 言素王及九主之事. 湯擧任以國政.' 伊尹去湯適夏. 旣醜有夏, 復歸于亳"이라 함.

【夏】 禹임금이 세웠던 나라로 그 말왕 桀이 탕에게 망함.

【周】 고대 后稷을 시조로 하며 古公亶甫와 泰伯, 虞仲, 季歷을 거쳐 文王(姬昌), 武王(姬發)에 이르러 殷의 말왕 紂를 멸하고 천하를 통일한 고대 왕조. 周公(姬旦)과 姜太公(呂尙) 등의 보필과 활약에 힘입었음. 鎬京(지금의 西安)을 도읍으로 하였음.《史記》周本紀 참조.

【呂牙】 姜太公을 가리킴. 姓은 姜氏. 呂望. 자는 子牙. 본 장에서는 周 文王이 羑里에 갇혔을 때 계책을 세워 석방시키고 나서 자신은 朝歌와 孟津에서 소 잡는 백정노릇을 하며 간자 역할을 한 것으로 여긴 것임.

【上智】 가장 높은 지혜를 가진 자. 여기서는 伊尹과 太公(呂尙)을 가리킴.

손자

부록

부록

1. 《사기史記》 손자열전孫子列傳

(1) 손무孫武

孫子武者, 齊人也. 以兵法見於吳王闔廬. 闔廬曰:「子之十三篇, 吾盡觀之矣, 可以小試勒兵乎?」對曰:「可.」闔廬曰:「可試以婦人乎?」曰:「可.」於是許之, 出宮中美女, 得百八十人. 孫子分爲二隊, 以王之寵姬二人各爲隊長, 皆令持戟. 令之曰:「汝知而心與左右手背乎?」婦人曰:「知之.」孫子曰:「前, 則視心; 左, 視左手; 右, 視右手; 後, 即視背.」婦人曰:「諾.」約束既布, 乃設鈇鉞, 即三令五申之. 於是鼓之右, 婦人大笑. 孫子曰:「約束不明, 申令不熟, 將之罪也.」復三令五申而鼓之左, 婦人復大笑. 孫子曰:「約束不明, 申令不熟, 將之罪也; 既已明而不如法者, 吏士之罪也.」乃欲斬左右隊長. 吳王從臺上觀, 見且斬愛姬, 大駭. 趣使使下令曰:「寡人已知將軍能用兵矣. 寡人非此二姬, 食不甘味, 願勿斬也.」孫子曰:「臣既已受命爲將, 將在軍, 君命有所不受.」遂斬隊長二人以徇. 用其次爲隊長, 於是復鼓之. 婦人左右前後跪起皆中規矩繩墨, 無敢出聲. 於是孫子使使報王曰:「兵既整齊, 王可試下觀之, 唯王所欲用之, 雖赴水火猶可也.」吳王曰:「將軍罷休就舍, 寡人不願下觀.」孫子曰:「王徒好其言, 不能用其實.」於是闔廬知孫子能用兵, 卒以爲將. 西破彊楚, 入郢, 北威齊晉, 顯名諸侯, 孫子與有力焉.

손자, 즉 손무孫武는 제齊나라 사람으로 병법으로써 오왕吳王 합려闔廬를 만나자 합려가 말했다.

"그대의 병법서 13편을 내가 모두 읽어 보았소. 실제로 군대를 훈련시켜 보일 수 있겠소?"

손무가 대답하였다.

"할 수 있지요."

합려가 물었다.

"부인들로도 시험할 수 있소?"

“할 수 있습니다.”

이리하여 합려는 허락을 하고 궁중의 미녀 1백 80명을 불러내었다. 손자는 그들을 두 대열로 나누고 왕의 총희 두 여인을 각각 대장으로 삼았다. 그리고 전원에게 창을 들게 한 다음 명령을 내렸다.

“너희들은 심장과 왼손, 오른손, 그리고 등이 어디 있는지 알고 있는가?”

부인들이 대답하였다.

“알고 있습니다.”

손자가 말하였다.

“'앞쪽' 하면 심장 쪽을 바라보고, '왼쪽' 하면 왼손 쪽을, '오른쪽' 하면 오른손 쪽을, '뒤로' 하면 등 뒤쪽을 보아야 한다.”

부인들이 말하였다.

“알겠습니다.”

이렇게 약속이 선포되자 손자는 지휘용 부월鈇鉞을 갖추어 두고, 세 번, 다섯 번씩 되풀이해 가며 군령을 설명하였다. 그런데 막상 북을 치며 오른쪽으로 행진하도록 했으나 여자들은 웃어대기만 할 뿐 움직이지 않았다. 손자는 다시 말하였다.

“군령이 분명하지가 못하고, 명령 전달이 충분치 못한 것은 장수의 죄이다.”

다시 세 번 군령을 들려 주고 다섯 번 설명을 한 다음 큰북을 울려 왼쪽으로 가도록 명하였다.

그러나 부인들은 다시 웃어대기만 하였다. 그러자 손자는 이렇게 말했다.

“군령이 분명치 못하고 전달이 불충분한 것은 장수의 죄이지만, 이미 군령이 분명히 전달되어 있는데도 병사들이 규정대로 움직이지 않는 것은 곧 관리의 죄이다.”

그리고는 좌우의 두 대장을 참수하려 했다. 누대 위에서 이를 지켜보던 오왕은 자신의 총희 두 사람이 손자의 손에 참수되려는 것에 놀라 황급히 전령을 보내어 제지하였다.

"과인은 이미 장군의 용병이 뛰어나다는 것을 알았소. 과인에게 그 두 여자가 없다면 밥을 먹어도 맛을 알 수 없을 정도이니 원컨대 참수하지 말기를 바라오."

그러나 손자는 엄히 말하였다.

"저는 이미 임금의 명을 받아 장수가 되었습니다. 장수가 군영에 있을 때에는 임금의 명령일지라도 받지 않을 수도 있습니다."

마침내 두 대장의 목을 베고 임금이 그 다음으로 사랑하는 여자를 뽑아 새로 대장으로 세웠다. 그러고는 다시 북을 울리고 호령을 내렸다. 그러자 부인들은 왼쪽이라고 하면 왼쪽으로, 오른쪽이라고 하면 오른쪽으로, 앞으로 하면 앞으로, 뒤로 하면 뒤로, 꿇어앉는 것도 일어나는 것도 모두 마치 자나 먹줄처럼 정확히 하면서 감히 어떤 소리도 내지 못하는 것이었다. 손자는 비로소 오왕에게 전령을 보냈다.

"부대는 이미 갖춰져 있습니다. 왕께서는 내려오셔서 시험해 보십시오. 왕께서 부리고 싶은 대로 부릴 수 있을 것이니, 물과 불 속이라도 뛰어들 것입니다."

그러나 왕은 이렇게 말했다.

"장군은 훈련을 끝내고 숙사에서 쉬도록 하오. 과인은 내려가 보기를 원치 않소."

손자는 이렇게 말하였다.

"왕은 한갓 병법에 대한 말만을 좋아할 뿐, 병법을 실제는 사용할 수 없겠습니다."

그리하여 합려는 손자가 용병에 뛰어난 것을 인정했고, 마침내는 그를 장군으로 삼았다. 그 뒤 오나라는 서쪽으로 초楚나라를 무찔러 서울인 영郢을 점령하고, 북쪽으로는 제齊나라와 진晉나라를 위협하여 그 이름을 천하에 날리게 되었으니 이는 손자의 힘이 함께 했기 때문이 아니겠는가.

(2) 손빈孫臏

孫武旣死, 後百餘歲有孫臏. 臏生阿鄄之間, 臏亦孫武之後世子孫也. 孫臏嘗與龐涓俱學兵法. 龐涓旣事魏, 得爲惠王將軍, 而自以爲能不及孫臏, 乃陰使召孫臏. 臏至, 龐涓恐其賢於己, 疾之, 則以法刑斷其兩足而黥之, 欲隱勿見.

齊使者如梁, 孫臏以刑徒陰見, 說齊使. 齊使以爲奇, 竊載與之齊. 齊將田忌善而客待之. 忌數與齊諸公子馳逐重射. 孫子見其馬足不甚相遠, 馬有上·中·下輩. 於是孫子謂田忌曰:「君弟重射, 臣能令君勝.」田忌信然之, 與王及諸公子逐射千金. 及臨質, 孫子曰:「今以君之下駟與彼上駟, 取君上駟與彼中駟, 取君中駟與彼下駟.」旣馳三輩畢, 而田忌一不勝而再勝, 卒得王千金. 於是忌進孫子於威王. 威王問兵法, 遂以爲師.

其後魏伐趙, 趙急, 請救於齊. 齊威王欲將孫臏, 臏辭謝曰:「刑餘之人不可.」於是乃以田忌爲將, 而孫子爲師, 居輜車中, 坐爲計謀. 田忌欲引兵之趙, 孫子曰:「夫解雜亂紛糾者不控捲, 救鬪者不搏撠, 批亢擣虛, 形格勢禁, 則自爲解耳. 今梁趙相攻; 輕兵銳卒必竭於外, 老弱罷於內. 君不若引兵疾走大梁, 據其街路, 衝其方虛, 彼必釋趙而自救. 是我一擧解趙之圍而收斃於魏也.」田忌從之, 魏果去邯鄲, 與齊戰於桂陵, 大破梁軍.

後十三歲, 魏與趙攻韓, 韓告急於齊. 齊使田忌將而往, 直走大梁. 魏將龐涓聞之, 去韓而歸, 齊軍旣已過而西矣. 孫子謂田忌曰:「彼三晉之兵素悍勇而輕齊, 齊號爲怯, 善戰者因其勢而利導之. 兵法, 百里而趣利者蹶上將, 五十里而趣利者軍半至. 使齊軍入魏地爲十萬竈, 明日爲五萬竈, 又明日爲三萬竈.」龐涓行三日, 大喜, 曰:「我固知齊軍怯, 入吾地三日, 士卒亡者過半矣.」乃弃其步軍, 與其輕銳倍日并行逐之. 孫子度其行, 暮當至馬陵. 馬陵道陜, 而旁多阻隘, 可伏兵, 乃斫大樹白而書之曰「龐涓死于此樹之下」. 於是令齊軍善射者萬弩, 夾道而伏, 期曰「暮見火擧而俱發」. 龐涓果夜至所木下, 見白書, 乃鑽火燭之. 讀其書未畢, 齊軍萬弩俱發, 魏軍大亂相失. 龐涓自知智窮兵敗, 乃自剄, 曰:「遂成豎子之名!」齊因乘勝盡破其軍, 虜魏太子申以歸. 孫臏以此名顯天下, 世傳其兵法.

손무가 죽고 1백 년쯤 지나 손빈이 등장하였다. 손빈은 아읍阿邑과 견읍甄邑 근처에서 태어났다. 손무의 후손으로 일찍이 방연龐涓과 함께 병법을 배웠다.

방연은 공부를 마친 다음 재빨리 위魏나라에서 벼슬하여 혜왕惠王의 장군이 되었다. 그러나 스스로 손빈을 당할 수는 없다고 생각하고 있었으므로, 가만히 사람을 보내 손빈을 불러들였다. 그가 찾아오자 방연은 그의 재능이 자기보다 훨씬 뛰어나다는 것을 두려워하고 시기하여 없는 죄를 뒤집어씌워 그 벌로 두 다리를 자르고, 묵형墨刑을 가했다. 그렇게 되면 손빈이 부끄러워서라도 숨어살리라 생각한 것이다.

그 뒤 제나라 사신이 위나라 수도 대량大梁을 방문하게 되었다. 그 때 손빈은 창피를 무릅쓰고서 비밀리에 제나라 사신을 만나 이야기를 나누었다. 제나라 사신은 이내 손빈의 재능을 알아차리고 몰래 자기의 수레에 숨겨 제나라로 데리고 갔다. 제나라에 간 손빈은 곧 장군 전기田忌의 인정을 받아 그의 빈객으로 머물게 되었다. 전기는 공자들과 자주 마차 경주로 내기를 즐기곤 했다. 어느 날 손빈은 그 내기를 구경하다가 허점을 간파하게 되었다. 경기는 네 마리의 말이 끄는 수레를 한 조로 해서 3조가 각 한 번씩 차례로 세 번 경기를 벌이게 되어 있었다. 손빈은 그 3조의 말을 각기 비교한 끝에 속력에는 별 차이가 없지만, 말에 세 등급이 있음을 알고 전기에게 말했다.

"내기를 거십시오. 내가 장군을 이기게 해 드리리다."

전기는 손빈을 믿고 제나라 왕과 공자들에게 다시 천 금을 건 내기를 하자고 제안했다. 그리하여 다시 경기를 시작하게 되자, 손빈은 그에 앞서 전기에게 승리할 수 있는 비방을 일러 주었다.

"장군의 제일 느린 하등 말을 상대편의 가장 빠른 상등 말과 달리게 하고, 장군의 상등 말은 상대편의 중등 말에, 장군의 중등 말은 상대편의 하등 말과 달리게 하십시오."

경기가 끝나자 전기는 2승 1패의 전적을 거두었으므로 결국 내기에 이겨 천 금을 얻었다.

이 일로 손빈의 재능을 더욱 신임하게 된 전기는 마침내 위왕威王에게 그를 천거했다. 위왕 역시 손빈과 병법에 관한 문답을 가진 뒤 그를 즉시 군사軍師로 삼았다.

그 뒤 위魏나라가 조趙나라를 공격하자, 조나라는 다급하여 제나라에 구원을 청했다. 위왕은 손빈을 장군으로 삼아 조나라를 구원하려 했으나, 손빈은 스스로 '형벌을 받은 사람'임을 이유로 사양했다. 그래서 위왕은 전기를 장군으로 삼되, 손빈은 군사로서 치차輜車 속에 들어앉아 작전을 세우도록 했다. 이윽고 전기가 군대를 출동시키려 하자, 손빈이 나아가 계책을 말했다.

"실이 엉킨 것을 풀려면 잡아당기거나 두들겨서는 안 됩니다. 싸움을 펄들려면 덮어 놓고 주먹만 휘두른다고 되는 것이 아닙니다. 상대편이 노리는 점을 가로막을 것이 아니라 상대편의 무방비 상태에 있는 허점을 칠 때 싸움은 자연 풀리게 됩니다. 지금 위나라와 조나라가 마주 싸우고 있기 때문에, 위나라에 남아 있는 자는 다만 노약자에 불과합니다. 이제 장군께서는 군사를 이끌고, 위나라 수도 대량大梁을 신속히 점령해야 합니다. 이것이 바로 적의 허점입니다. 따라서 위나라 군사는 자기네의 도성을 구하기 위해 조나라에 대한 공격을 포기하고 말 것입니다. 이야말로 한 번 움직여 조나라의 포위를 풀고 동시에 위나라를 피폐하게 만드는 일입니다."

전기가 손빈의 계책을 따르자 과연 위나라 군사는 조나라 수도 한단邯鄲에서 급히 물러났다. 제나라 군대는 이를 계릉桂陵에서 여유 있게 맞아 싸워 대승을 거두었다.

그로부터 13년 뒤, 위나라는 조나라와 더불어 한나라를 공격했다. 한나라는 위급한 사정을 제나라에 말해 왔다. 제나라는 전기를 대장으로 임명하여 구원하게 했다. 전기는 또다시 곧장 대량을 향해 쳐들어갔다. 위나라 대장 방연은 급보를 받자 즉시 한나라를 버려 두고 귀로에 올랐으나 이미 국경을 넘어선 제나라 군사는 서쪽으로 계속 진격하고 있었다. 이때 손빈은 전기에게 이렇게 말했다.

"저들 삼진三晉의 군사는 원래가 사납고 용맹스러울 뿐 아니라 제나라를 경멸하고 있습니다. 심지어는 제나라 군사를 가리켜 겁쟁이라고 부르는 실정입니다. 그런데 전쟁을 잘하는 사람은 주어진 형세를 잘 이용하여 자기에게 유리하도록 이끌어 나갑니다. 병법에는 '승리에 취해 백 리를 급히 달리는 군사는 그 상장군을 잃게 되고, 50리를 급히 달리는 군사는 절반밖에 목적지에 도착하지 못한다'고 했습니다. 적은 우리를 겁쟁이로 생각하고 있는만큼 그들에게 더욱 약한 것을 보여 주게 되면, 적은 우리 꾀에 빠져 급히 추격하게 될 것입니다. 그러니 우리 군대가 위나라 땅을 넘어선 오늘부터 숙영지를 움직일 때마다 아궁이 수를 줄이는 것이 상책입니다. 즉 오늘은 10만 개, 내일은 6만 개, 모레는 3만 개, 이렇게 줄여 나가는 겁니다."

전기는 그대로 실행했다.

방연은 제나라 군대를 추격하기 사흘째에 이르자, 탄성을 올렸다.

"나는 처음부터 제나라 군사가 겁쟁이란 것을 알고 있었지만, 내 생각과 다름없구나. 우리 땅을 침범한 지 사흘 만에 벌써 도망병이 반을 훨씬 넘다니."

그리고 곧 보병은 따로 떼어놓은 채 기병 등 정예부대만을 이끌고 이틀 길을 하루 만에 달려 급히 제나라 군대를 추격했다. 손빈이 위나라 군사의 속도를 계산해 본 결과, 저녁 무렵이면 위나라의 마릉馬陵에 도착할 수 있을 것 같았다. 마릉은 길이 좁고 양쪽에는 험한 산이 많아 복병을 두기에 알맞은 곳이었다. 손빈은 길 옆에 있는 큰 나무를 골라 껍질을 벗겨 낸 다음 그 흰 부분에다 이렇게 써 놓았다.

"방연은 이 나무 밑에서 죽으리라."

그리고 제나라 군사들 가운데서 활 잘 쏘는 사람을 무수히 뽑아 큰활을 가지고 길 양쪽에 매복시키고 명령해 두었다.

"날이 저물어 이곳에 불이 밝혀짐과 동시에 일제히 쏘도록 하라."

방연은 과연 날이 저문 뒤에야 그 나무 밑에 이르게 되었고, 흰 부분에 쓰인 글씨를 보기 위해 불을 밝히게 했다. 방연이 그것을 미처 다 읽기도 전에 제나라 복병의 수많은 화살이 일제히 쏟아져 내렸다.

위나라 군사는 갈팡질팡 앞뒤를 분간하지 못했다. 방연은 자신의 지혜를 써 볼 겨를도 없이 싸움에 패하게 된 것을 알고 이렇게 말했다.

"기어코 그 녀석(孫)의 이름을 떨치게 만들었구나."

그리고 스스로 칼로 목을 쳐 죽었다. 제나라 군사는 승세를 몰아 위魏나라 군사를 전멸시키고, 위나라 태자 신申을 포로로 잡아 돌아왔다. 손빈은 이 승리로 인해 천하에 이름을 떨쳤으며, 세상에 그의 병법이 전해지게 되었다.

2.《한서漢書》 예문지藝文志 《오손자吳孫子》

《吳孫子兵法》八十二篇 《圖》九卷. 顔師古 注: 孫武也, 臣於闔廬.
《齊孫子》八十九篇 圖四卷. 顔師古 注: 孫臏.

3. 〈손자서孫子序〉 위무제책魏武帝策 ·········· 曹操

操聞上古有弧矢之利. 《論語》曰:「足兵.」《尙書》八政曰:「師.」《易》曰:「師貞丈人吉.」《詩》曰:「赫斯怒, 爰征其旅.」黃帝·湯·武用干戚, 以濟世也. 《司馬法》曰:「人故殺人, 殺之可也.」恃武者滅, 恃文者亡. 夫差·偃王是也. 聖人之用兵, 戢而時動, 不得已而用之. 吾觀兵書戰策多矣. 孫武所著深矣. 孫子者齊人也, 名武, 爲吳王闔閭作兵法一十三篇, 試之夫人, 卒以爲將. 西破强楚入郢, 北威齊晉. 後百歲餘有孫臏, 是武之後也. 審計重擧, 明畫深圖, 不可相誣, 而但世人未之深亮. 訓說況文煩富, 行於世者失其旨要, 故撰爲略解焉.

4. 〈손자병법서孫子兵法序〉 ················ 孫星衍

黃帝·李法·周公·司馬法已佚, 太公六韜原本今不傳. 兵家言惟孫子十三篇最古. 古人學有所受, 孫子之學或卽出于黃帝. 其書通三才五行, 本之仁義, 佐以權謀. 其說甚正. 古之名將用之則勝, 違之則敗. 稱爲兵經. 比于六藝, 良不媿也.

孫子爲吳將兵, 以三萬破楚二十萬入郢, 威齊晉之功歸之子胥, 故《春秋傳》不載其名, 蓋功成不受官.《越絶書》稱巫門外大冢吳王客孫武冢, 是其證也.

其著兵書八十二篇, 圖九卷, 見〈藝文志〉. 其圖八陳有苹車之陳, 見《周官》鄭注. 有《算經》今存. 有《雜占六甲兵法》, 見《隋志》. 其與吳王問答, 見于《吳越春秋》諸書者甚多. 或卽八十二篇之文, 今惟傳此十三篇者.《史記》稱闔閭有十三篇「吾盡觀之」之語.《七錄》《孫子兵法》三卷,《史記正義》云十三篇爲上卷, 又有中下二卷, 則上卷是孫子手定, 見於吳王. 故歷代傳之勿失也.

秦漢已來用兵皆用其法, 而或秘其書, 不肯注以傳世, 魏武始爲之注, 云「撰爲略解」, 謙言解其牾略.《漢官解詁》稱魏氏瑣連孫武之法, 則謂其捷要. 杜牧疑爲魏武刪削者謬也. 此本十五卷爲宋吉天保所集, 見《宋藝文志》, 稱十家會注. 十家者, 一魏武, 二梁孟氏, 三唐李筌, 四杜牧, 五陳皞, 六賈林, 七宋梅聖俞, 八王晳, 九何延錫, 十張預也.

書中或改曹公爲曹操, 或以孟氏置唐人之後, 或不知何延錫之名, 稱爲何氏. 或多出杜佑, 而置在其孫杜牧之後, 吉天保之不深究此書可知.

今皆校勘更正, 杜佑實未注孫子, 其文則《通典》也. 多與曹注同而文較備, 疑佑用曹公王凌孟氏諸人古注. 故有王子曰, 卽凌也. 今或非全注本.《孫子》有王凌張子尙賈詡沈友鄭本, 所採不足, 今佚矣.

曩予游關中, 讀華陰嶽廟道藏, 見有此書, 後有鄭友賢遺說一卷, 友賢亦見鄭樵《通志》, 蓋宋人.

又從大興朱氏處見明人刻本, 餘則世無傳者, 國家令甲以《孫子》校士, 所傳本或多錯謬, 當用古本是正其文. 適吳念湖太守畢恬溪孝廉皆爲此學,所得或過于予. 遂刊一編以課武士.

　孔子曰:「軍旅之事未之學.」又曰:「我戰則克.」孔子定禮正樂, 兵則五禮之一, 不必以爲專門之學, 故云「未學」. 所爲聖人有所不知, 或行軍好謀則學之, 或善將將如伍子胥之用孫子. 又何必自學之? 故又曰「我戰則克」也.

　今世泥孔子之言, 以爲兵書不足觀, 又泥趙括徒能讀父書之言, 以爲成法不足用. 又見兵書有權謀有反間, 以爲非聖人之法, 皆不知吾儒之學者, 吏之治事可習而能. 然古人猶有學製之懼, 兵凶戰危, 將不素習, 未可以人命爲嘗試, 則十三篇之不可不觀也.

　項梁教籍兵法, 籍略知其意, 不肯竟學, 卒以傾覆, 不知兵法之弊可勝言哉! 宋襄徐偃仁而敗, 兵者危機, 當用權謀. 孔子猶有要盟勿信, 微服過宋之時, 安得妄責孫子以言之不純哉!

　孫子蓋《陳書》之後, 《陳書》見《春秋傳》, 稱《孫書》, 姓氏書以爲景公賜姓, 言非無本. 又泰山新出孫夫人碑, 亦云與齊同姓. 史遷未及深考, 吾家出樂安, 眞孫子之後, 媿余徒讀祖書, 考證文字, 不通方略, 亦享承平之福者久也.

　陽湖　孫星衍撰.

5. 《孫子敍錄》 ·············· 淸, 畢以珣

《孫子兵法》에 관한 문헌으로 《孫子》 13편과 1972년 山東省 臨沂縣
銀雀山에서 출토된 〈漢簡〉 이외에 역대로 孫子(孫武)와 吳王 闔間(闔廬)의
문답 내용을 중요한 자료로 삼고 있다. 이 내용이 바로 《漢書》藝文志에
서 말한 《吳孫子》의 내용일 가능성이 있으며, 13편에 포함되지 않은
손무의 遺文으로 보고 있다.

이에 淸 畢以珣의 《孫子敍錄》을 실어 참고로 삼는다.

〈1〉《通典》《孫子》遺文

吳王問孫武曰:「散地, 士卒顧家, 不可與戰, 則必固守不出. 若敵攻我小城,
掠吾田野, 禁吾樵採, 塞吾要道, 待吾空虛而急來攻. 則如之何?」

武曰:「敵人深入吾君, 多背城邑, 士卒以軍爲家, 專志輕.吾兵在國,
安土懷生, 以陳則不堅, 以戰不得, 以則不勝. 當集人合衆, 聚穀蓄帛, 保城
備險, 遣輕兵, 絶其糧道. 彼挑戰不得, 轉輪不至, 野無所掠, 三軍困, 因以
誘之, 可以有功. 若與野戰, 則必因勢依險說伏. 無險則隱於天氣陰晦昏霧,
出其不意, 襲其懈怠, 可以有功.」

吳王問孫武曰:「吾至輕地, 始入敵境, 士卒思還, 難進易退. 未背險阻,
三軍恐懼. 大將欲進, 士卒欲退, 上下異心. 敵守其城壘, 整其車騎, 或當吾前,
則如之何?」

武曰:「軍至輕地, 士卒未專, 以入爲務, 無以戰爲故. 無近其名城, 無由
其通路, 設疑徉惑, 示若將去, 乃選其衛枚, 先入掠其牛馬六蓄. 三軍見得,
進乃不懼. 分吾良卒, 密有所伏, 敵人若來, 擊之勿疑. 若其不至, 捨之而法.」

吳王問孫武曰:「爭地, 敵先至, 據要保利, 簡兵練卒, 或出或守, 以備我奇.
則如之何?」

武曰:「爭地之法, 讓之者得, 爭之者失. 敵得其處, 愼勿攻之, 引而徉走.
建旗鳴鼓, 趣其所愛. 曳紫揚塵, 感其耳目. 分吾良卒, 密有所伏, 敵必出救.
人欲我與, 人棄吾取, 此爭先之道. 若我先至而敵用此術, 則選吾銳卒,
固守其所. 輕兵追之, 分伏險阻. 敵人還, 伏兵旁起, 此全勝之道也.」

吳王問孫武曰:「交地, 吾兵絶敵, 今不得來. 必全吾邊城, 修其所備, 深絶通道, 固其塞. 若不先圖, 敵人已備, 彼可以來, 而吾不可往. 衆寡又均, 則如之何?」

武曰:「旣我不可以往, 彼可以來. 吾分卒匿之, 守而易怠, 示其不能. 敵人此至, 設伏隱廬, 出其不意, 可以有功也.」

吳王問孫武曰:「懼地必先, 吾道遠發後, 雖馳車驟馬, 至不能先, 則如之何?」

武曰:「諸侯參屬, 其道四通, 我與敵相當, 而傍有國. 所謂先者, 必重弊輕使, 約和傍國, 交親結恩, 兵雖後至, 衆以屬矣. 簡兵練卒, 阻利而處, 親吾軍事, 實吾資糧, 今吾車騎出入瞻候. 我有衆助, 彼失其黨. 諸國角, 震鼓齊攻, 敵人驚恐, 莫知所當.」

吳王問孫武曰:「吾引兵深入重地, 多所踰越, 糧道絶塞, 設欲歸還, 勢不可過. 欲食於敵, 持兵不失, 則如之何?」

武曰:「凡居重地, 士卒輕勇, 轉輪不通, 則掠以繼食. 下得粟帛, 皆貢於上, 多者有賞. 士無歸道, 及令輕車銜枚而行, 塵埃氣揚, 以牛馬爲餌, 敵人若出, 鳴鼓隨之. 陰伏吾士, 與之中期, 內外相應, 其敗可知.」

吳王問孫武曰:「吾入地, 山川險阻, 難從之道, 行久卒勞, 敵在吾前而伏吾後, 營居吾左而守吾右, 良車驍騎要隘道, 則如之何?」

武曰:「先進輕車, 去軍十里, 與敵相候, 接期險阻, 或分而左, 或分而右. 大將四觀, 擇空而取, 皆會中道, 倦而及止.」

吳王問孫武曰:「吾入圍地, 前有強敵, 後有險難. 敵絶糧道, 利我走勢, 敵鼓不進, 以觀吾能, 則如之何?」

武曰:「圍地之宜, 必塞其闕, 示無所往, 則以軍爲家, 萬人同心, 三軍齊力. 幷炊數日, 無見火煙, 故爲毀亂寡弱之形, 敵人見我備之, 必輕告勵士卒, 今其奮怒. 陳伏良卒, 左右險阻, 擊鼓而出. 敵人若當, 疾擊務突, 戰後拓, 左右角.」

又問曰:「敵在吾圍, 伏而深謨, 示我以利, 我以旗, 紛紛若亂, 不知所之, 奈何?」

武曰「千人操, 分塞要道, 輕兵進挑, 陳而勿搏, 交而勿去, 此敗謨之法.」

<2> 何氏 注: 이는 〈九地篇〉을 해석한 것임.

又曰:「軍入敵境, 敵人固壘不戰. 士卒思歸, 欲退且難, 謂之輕地. 當選驍騎, 伏要路, 我退敵追, 來則擊之也.」

吳王問孫武曰:「吾師出境, 軍於敵人之地. 敵人大至, 圍我數重. 欲突以出, 四塞不通. 欲勵士激衆, 使之投命潰圍, 則如之何?」

武曰:「深溝高壘, 示爲守備. 安靜勿動, 以隱吾能. 告今三軍, 示不得已. 殺牛燔車, 以饗吾士. 燒盡糧食, 塡夷井. 割髮捐冠, 絕去生慮. 將無餘謨, 士有死志. 於是砥甲礪刃, 幷氣一力. 或攻兩旁, 震鼓疾, 敵人亦懼, 莫知所當. 銳卒分兵. 疾攻其後, 此是失道而求生. 故曰因而不謨者窮, 窮而不戰者亡.」

武曰:「山峻谷險, 難以踰越, 謂之窮寇. 擊之之法, 伏卒隱廬, 開其法道, 示其走路. 求生逃出, 必無志. 因而擊之, 雖衆必破.」

兵法又曰:「若敵人在死地, 士卒勇氣, 欲擊之法, 順而勿抗, 陰守其利, 絕其糧道. 恐有奇兵, 隱而不覩, 使吾弓弩俱守其所.」

(何氏는 이 문장을 인용하여 "兵法曰:「則知問答之詞, 亦在八十二篇之內也.」"라 함.)

<3>《通典》

吳王問孫武曰:「敵勇不懼, 驕而無慮. 兵衆而强, 圖之奈何?」

武曰:「而待之, 以順其意, 無令省覺, 以益其懈怠. 因敵遷移, 潛伏後待, 前行不瞻, 後往不顧, 中而擊之, 雖衆可取. 攻騎之道, 不可爭鋒.」

<4>《通典》및《太平御覽》

吳王問孫武曰:「敵人保據山險, 擅利而處之, 糧食又足, 挑之則不出, 乘間則侵掠. 爲之奈何?」

武曰:「分兵守要, 謹備勿懈, 潛探其情, 密侯其怠. 以利誘之, 禁其樵牧. 久無所得, 自然變改. 待離其固, 奪其所愛, 敵據險隘, 我能破之也.」

(이상의 문답은 十三篇이 아니라《吳越春秋》에서 말한 "問以兵法, 不知口之稱善"의 구절임.)

<5>《潛夫論》

孫子曰:「將者, 智也, 仁也, 敬也, 信也, 勇也, 嚴也. 是故智以折敵, 仁以附衆, 敬以招賢, 信以必賞, 勇以益氣, 嚴以一令. 故折敵則能合變, 衆附則思力戰, 賢智集則陰謀利, 賞罰必則士盡力, 氣勇益則兵威令自培, 威令一則惟將所使.」

(이는 〈計篇〉의 '五事'를 해석한 것으로 역시 闔閭의 질문에 답한 것임.)

<6>《太平御覽》

孫子曰:「凡地多陷曲曰天井.」

(이는 〈行軍篇〉을 해석한 것임.)

<7>《通典》

孫子曰:「故曰深草穢者, 所以逃遁也. 深谷險阻者, 所以止禦車騎也. 隘山林者, 所以少擊衆也. 澤昧冥者, 以匿其形也.」

<8>《通典》

孫子曰:「强弱長短雜用.」

又曰:「遠則用弩, 近則用兵. 兵弩相解也.」

又曰:「以步兵十人, 擊騎一匹.」

<9>《通典》注

孫子曰:「人效死而士能用之, 雖優遊暇譽, 今猶行也.」

又曰:「長陳爲甄.」

又曰:「其鎮如岳, 其停如淵.」

(이상 17조는 지금의 十三篇内에 없음.)

<10> 鄭玄《周禮注》

孫子八陳, 有車之乘.

(이는《隋書》經籍志에 있는《孫子八陣圖》1권의 遺文임.)

〈11〉《太平御覽》

《孫子占》曰:「三軍將行, 其旌旗從容以向前, 是爲天送, 必擊之, 得其大
將. 三軍將行, 其旌旗墊然若雨. 是爲天霑, 其帥失三軍. 將行, 旗亂於上,
東西南北無所主方, 其軍不還. 三軍將陣, 雨師, 是爲浴師, 勿用陣戰. 三軍
將戰, 有雲其上而赤, 勿用陣, 先陣戰者莫復其跡. 三軍方行, 大風飄起於
軍前, 右周絶軍, 其將亡. 右周中其師, 得糧.」

(이는 《隋書》 經籍志의 《孫子雜占》 권4의 遺文임.)

6. 한간漢簡 《손자병법孫子兵法》 ············ 考釋文과 逸文

　　1972년 4월 산동성山東省 임기현臨沂縣 은작산銀雀山의 한漢 무제武帝 건원建元 원년(B.C.140)부터 원수元狩 5년(B.C.118) 사이에 조성된 한묘漢墓에서 《손무병법孫武兵法》과 《손빈병법孫臏兵法》 등 일부 죽간이 발견되었다. 이에 중국 국가문물사업관리국國家文物事業管理局에서는 '은작산한묘죽간정리소조銀雀山漢墓竹簡整理小組'를 조직하여 첨립파詹立波를 주간으로 하여 《손자병법》과 《손빈병법》을 3년의 정리 끝에 《손자병법》은 상하上下로 나누어 《문물文物》 월간 1974년 제12기期에 발표하고 《손빈병법》은 이듬해(1975) 《문물》 제1기에 역시 전문을 발표함과 아울러 《은작산한묘죽간銀雀山漢墓竹簡》이라는 이름으로 북경문물출판사北京文物出版社(1985)에서 책으로 간행하였다.

　　《손자병법》은 모두 200여 개의 죽간으로 잔결殘缺과 마멸磨滅이 심하였으며, 그 외에 일문逸文 2300여 자가 있어 지금 전하는 《손자孫子》(6109자)의 3분의 1 분량이나 더 있었음을 알게 되었다. 게다가 편명 역시 〈오문吳問〉, 〈사변四變〉, 〈황제벌적제黃帝伐赤帝〉, 〈(地)형이刑二(地形二)〉, 〈견오병見吳兵〉 등 5편이 더 있어 《한서漢書》 예문지藝文志에서 말한 「《오손자병법吳孫子兵法》 팔십이편八十二篇 《도圖》 구권九卷」과도 차이가 있다.

　　그리고 《손빈병법》은 380여 개의 죽간에 30편 1만 3천여 자나 되었다.

　　이를 현존 13편과 같은 편의 간문簡文과 일문逸文 5편의 간문簡文을 실어 연구에 참고로 삼는다.

1. 計

□□曰: 兵者, 國之大事. 死生之地, 存亡之道, 不可不察也.

故輕(經)之以五, 效之以計, 而索其請(情): 一曰道, 二曰天, 三曰地, 四曰將, 五曰法.

道者, 令民與上同意者也, 故可與之死, 可與之生, 民弗詭也.

天者, 陰陽·寒暑·時制也. 順逆·兵勝也.

地者, 高下·廣陜(狹)·遠近·險易·死生也.

將者, 知(智)·□ ……

曲制·官道·主用也.

凡此五者, ……孰能? 天地孰得? 法□□□□□孰强? 士卒孰練? 賞罰孰明? 吾以此知勝…….

用而視(示)之不用, 近而視(示)之遠, 遠而示之近.

利而誘之, 亂而取之, □□□□□□□之, 怒而撓(撓)之, 攻其……少□□□无筭.

2. 作戰

孫子曰: 凡用兵之法, 馳□千駟, ……里而饋糧, 則外內……車甲之奉, 日□□□內□ ……用戰也, 勝久則頓(鈍)……起, 雖知(智)者, 不能善其後矣.

故……未有也.

故不盡于知用兵……糧于敵, □□食可足也.

國之貧于師者, 遠者遠輸, 則百姓貧. 近市者貴□□□□則□及丘役. 力屈中原, 內虛于家. 百□□費, 十去其六; ……石. 故殺適(敵)□……車戰……卒共而養之. 是胃(謂)勝敵而益强. 故…….

3. 謀攻

其下攻城. (攻)城之法, 脩櫓……□□三月止□距闉有(又)三月然……灾(災)也.

故善用兵者, 詘(屈)人之兵而非戰. □□□□□而非攻也, 破人之國而
非……, 天下, 故……戰之……, 所以患軍……旣疑, 諸侯之……知可而戰與
不可而戰, 勝. 知衆……以虞待不……故兵知皮(彼)知己, 百戰不…….

4. 刑(形)

甲

孫子曰: 昔善……適(敵)之可勝. 不可勝在己, 可勝在適(敵).

故善者, ……□能使適(敵)可勝. 故曰: 勝可智(知), □不可爲也.

不可勝者, 守; 可勝, 攻也. 守則有餘, 攻則不足. 昔善守者, 臧(藏)九地
之下; 動九……衆人之所知, 非善……曰善, 非□□也.

舉□□□□□力, 視日月不爲明目, 聞雷霆不爲蔥(聰)耳.

所胃(謂)善者, 勝易勝者也.

故善者之戰, 无奇□, 无智名, 无勇功.

故其勝不貸(忒). 不貸(忒)者, ……□□勝□後戰, 敗□□□而後求勝.

故善者, 脩道□□法, 故能爲勝敗正(政).

法: 一曰度, 二曰量, 三曰數, 四曰稱, 五曰勝.

地……勝. 勝兵如以溢(鎰)稱朱(銖), 敗兵如以朱(銖)稱溢(鎰). 稱勝
者戰民也, 如決積水于千那(仞)…….

乙

……□適(敵)之可勝. 不可勝在己, 可勝在適(敵).

故善者, 能爲不可勝, ……也. 守則有餘, 攻則不足. 昔善守者, 臧(藏)
九地之下; 動九天之上. 故……智(知), 非善者也; 戰勝而天下曰善, ……易
勝者也.

故善□□□□奇勝, 无智名, 無□功.

故其勝不貸(忒). 不貸(忒)者, 其所錯□勝敗者也.

善……敗正(政).

法: 一曰度, 二曰量, 三曰數, 四……生勝.

勝兵如以溢(鎰)稱朱(銖), 敗兵如以朱(銖)稱溢(鎰). 稱□者戰民也,
如決□□□那(仞)之墟, 刑(形)也.

5. 埶(勢)

治衆如治寡, 分數是, 鬪衆……可使畢受適(敵)而无敗, □正□, □□□□, 如以段(碬), ……窮如天地, 无謁(竭)如河海. 冬(終)而復始, 日月是…….

變不……之變, 不可勝勝窮也. 奇正環相生, 如環之毋端, 孰能窮之?

水之疾, 至……可敗.

亂生于治, 脇(怯)生于恿(勇), 弱生于彊.

治亂, 數也; 恿(勇)脇(怯), 埶(勢)也; 强□□也.

善動適(敵)者, 刑(形)之, 適(敵)必從之; □□□□取之.

以此動之, 以卒侍(待)之.

故善戰者, 求之于埶(勢), 弗責于……木石. 木石之生(性), 安則靜, 危則動, 方則…….

6. 虛實

先處戰地而侍(待)戰者失(佚), 後處戰地而趨戰者勞. 故善戰者, 致人而不□□人.

能使適(敵)□至者, 利之也; 能使適(敵)……能勞之, 飽能飢之者, 出于其所必□□. □行千里而不畏, 行无人之地也.

攻而必□□□, 所不守也; 守而必固, 守其所□.

□□□□□者, 適(敵)不知□□……故能爲適(敵)司命.

進而不可迎者, 衝□□□□□, 可止者, 遠……適(敵)不得不□□□者, 攻其所……之, 適(敵)不得與我戰者, 膠其所之也.

故善將者刑(形)人而无刑(形), □□榑而適(敵)分. 我榑而爲壹, 適(敵)分而爲十, 是以十擊其壹也. 我寡而適(敵)衆; 能以寡擊□……地不可知, 則適(敵)之所備者多. 所備者多, 則所戰者, 寡矣.

備前……者右寡, 無不備者无所寡. 寡□□□□□衆者, 使人備己者也.

知戰之日, 知戰之地, 千里而戰. 不□□□□日, 不知戰之地. 前不能救後, 後不能救前, 左不能救□□不能救左, 皇(況)遠者數十里, 近者數里□, ……□□勝載(哉)?

故曰: 勝可擅也. 適(敵)唯(雖)衆, 可无無鬪也.

故積之而知動□, ……死生之地, 計之□□得失之□, □之□□餘不足之□. 刑(形)兵之極, 至于无刑(形), 无刑(形), 則深間弗能規(窺)也, 知(智)者弗能謀也.

因刑(形)而錯勝□……制刑(形). 所以勝者不……兵刑(形)象水, 水行辟(避)高而走下; 兵勝辟(避)實擊虛. 故水因地制行, 兵因敵而制勝. 兵无成埶(勢), 无恒刑(形), 能與敵化之胃(謂)神.

五行无恒勝, 四時□常立(位), 日有短長, 月有死生. 神要.

7. 軍爭

……以□爲直, 以患……而誘之□□後人發, 先人至者, 知汙(迂)直之計者也.

軍爭爲利, 軍爭□危. 舉軍而爭利, 則□不及; 委軍而□利, 則重捐. 是故卷甲……□十一以至; 五十里而爭利, 則厥(蹶)上將, 法以半至; ……軍毋(無)輜重□□糧食則亡, 无委責(積)則亡.

是故不知諸侯之謀者, 不……能行軍; 不□鄉(向)道(導)……分利, 縣(懸)權而動.

先知汙(迂)直之道者□, 軍爭之法也.

是故軍……. 視不相見, 故爲旌旗. 是故晝戰多旌旗, 夜戰多鼓金.鼓金旌旗者, 所以壹民之耳目也. 民旣已槫(專)……將軍可奪心□. ……用兵者, 辟(避)其兌(銳)氣, ……勞, 以飽侍(待)飢, 此治力者也.

毋要正正之旗, 勿擊堂堂之陳, 此治變者 ……倍(背)丘勿迎, 詳(佯)北勿從, 圍師遺闕, 歸師勿謁(遏), 此用衆之法也. 四百六十五.

8. 九變

……地則戰. ……攻, 地有所不爭, □……能得地……利; 故務可信; 雜於害, 故憂患可……. 將有五□□□□殺. 必生, ……廉潔可辱. 愛民, 可……危, 不可不察也.

9. 行軍

……處高, 戰隆毋登……, 此處水上之軍……交軍沂(斥)澤之中, 依……死後生, 此處□……四軍之利, 黃帝之…….

无百疾, 陵丘隄□處其陽, 而右倍(背)之. 此兵之利, 地之助也.

上雨水, 水流至, 止涉侍(待)□□□.

天井·天窖·天離·天翹·天郄, 必亟去之, 勿□□□遠之, 敵近之; 吾…….

葦·小林·蘙薈, 可伏匿者, 謹覆索之, 姦之所處也.

敵近而□者, 恃其險也; 敵遠□……進者, 其所居者易, 軍者也.

□庳(卑)而備益者, 進也; 辭强□毆(驅)者, 退也;

輕車先出居厠(側)者, □□□□□. 請和者, 謀也;

奔走而陳兵者, 期也; 半進者, 誘也.

仗而立者, 飢也; 汲役先飲……. 而不進者, 勞拳(倦)也; 鳥□者, 虛也; 夜嘑(呼)者, 恐也; 軍擾者, 將不重也; 甄者不反(返)其舍者, 窮寇也; □□閒閒□言人者, 失衆者也; 數賞者, 窘也; 數罰者, ……相去也, 必謹察此.

兵非多益, 毋……而罰之, 則不服, 不服則難用也. 卒已槫親而罰不行, 則不用.

故令之以交, 濟(齊)之以……行, 以敎其民, 民服. 素…….

10. □刑(地形)

제목만 있고 簡文은 없음.

11. 九地

……輕地, 有爭地, 有交地, 有瞿(衢)地, 有重地, 有泛地, □圍地, 有死地.

諸侯戰……而得天□之衆者. 爲瞿(衢). 入人之地深, 倍(背)城邑多者, 爲重. 行山林·沮澤, 凡難行之道者, 爲□. 爲□……□所由入者隘, 所從歸者迂, 彼寡可以擊吾之衆者, 爲圍地.

疾戰則存, 不疾戰則亡者, 爲死地. 寡可□□吾衆者, 爲圍. 疾則存. 不疾則亡者, 爲死. 是故散□□□□輕地則毋止, 爭……則行. 圍地則謀, 死地則戰. 所胃(謂)古善戰者, 能使適(敵)人前後不相及也. ……適(敵)衆以正(整)將來, 侍(待)之……, 聽□□之請(情)主數速也, 乘人之不給也. ……食; 謹養而勿勞, 并……謀, 爲不可賊(測). 投之毋(無)所往, 死且不北, 死焉……无所往則……所往則鬪.

是故不調而戒, 不……非惡貨也; 无餘死, 非惡壽也. 今發□□士坐者涕□□. 臥□□□□投之无所往者, 諸歲(劌)之勇也.

故善用軍者, 辟(譬)如衛(率)然. 衛(率)然者, 恒山之……. 擊其尾則首至. 擊其中身則首尾俱至.

敢問: □可使如衛(率)然虖(乎)? 曰: 可.

越人與吳人相惡也, 當其同周(舟)而濟也. 相救若□……齊勇若一, ……□已也.

將軍之事: ……之耳目, 使无之. 易其事, □□□, 使民无識. 易其□, 于(迂)其□, 使民不得……. 入諸侯之地, 發其幾(機), 若歐(驅)群……變, 詘(屈)信(伸)之利, 人請(情)之理, 不可不察也.

凡爲□□□槫(專), 淺則散. □國越竟(境)而師者, 絶地也; 四徹者, 瞿(衢)地也; ……者, 輕地也; 倍(背)固前□, □□□□倍(背)固前適(敵)者, 死地也. 毋(無)所往者, 窮地也. □□□散地. 吾將壹其志, 輕地, 吾將使之僂; 爭地, 吾將使之留; 交地也, 吾將固其結; 瞿(衢)地也, 吾將謹其恃; □地也, 吾將趣其後; 泛(圮)地, 吾將進其□; 圍地也, 吾將塞……, □侯之請(情), 逐則禦; 不得已則鬥, 過則從.

……利. 四五者, 一不智(知), 非霸之兵也. 彼王霸之兵, 伐大國則其衆不……則其交不□合. 是故不……可拔也, 城可隋(墮)也.

无法之賞, 無正之令, 犯三……以害. 勿告以利. 芊之亡地然而后存. 陷……于害, 然后能爲敗爲……□□將, 此胃(謂)巧事. 是故正(政)與(擧)□, ……其使; 勵於朗(廊)上, 以誅其事. 適(敵)人開闔, 必亟入之, 先其所愛, ……微與……決戰事. 是故始如處…….

12. 火攻

孫子曰: 凡攻火有五: 一曰火人, 二曰火漬(積), 三曰火輜, 四曰火庫, 五曰火□. □火有因, 因必素具. 發火有時, 起火有日. 時者, 天……. 四者, 風之起日也.

火發□……, 火發其兵靜而勿攻. 極其火央, 可從而從, □□□□□止之. 火可發於外, 毋寺(待)於內, 以時發之. 火□上風, 毋攻……數守之.

故以火佐攻者明, 以水佐攻者强. 水可……得, 不隋(隨)其功者凶, 命之曰費留. 故曰: 明主慮之, 良將隨之. 非利□□□□不用, 非危不戰. 主不可以怒興軍, 將不可以溫(慍)戰. 合乎利而用, 不合而止. 怒可復喜也, 溫(慍)可復…….

13. 用間

孫子曰: 凡……里, 百生(姓)之費, □……知適(敵)之請(情)者, 不仁之至也. 非民之將也, 非主□□□□□注(主)也. 故……不可驗於度. 必取於人, 知者.

故用間……反間, 有死間, 有生間. ……神紀, 人君之葆(寶)也.

生間者, 反報……. 鄕人而用者也. 內間者, 因……三軍之親, 莫親於間, 賞莫厚於間, 事……非仁不能使……之葆(寶). 密(微)載(哉)! 密(微)載(哉)! 毋(無)所不用間□□. 事未發聞, 間□……用也. 因是而知之, 故鄕間·內間可得而使也; ……五間之事, 必知之, ……可不厚也.

□……在夏; 周之興也, 呂牙在□. □□□□□衛師比在陘, 燕之興也. 蘇秦在齊, 唯明主賢…….

〈2〉 逸文 5편의 殘簡

1. 오문편吳問篇

이는 손무와 오왕 闔廬(盍盧, 闔閭)사이에 나눈 대화로써 특히 삼진三晉의 정치와 그 우열을 논한 것이다.

吳王問孫子曰:「六將軍分守晉國之地, 孰先亡? 孰固成?」

孫子曰:「笵(范)·中行是(氏)先亡.」

「孰爲之次?」

「智是(氏)爲次.」

「孰爲之次?」

「韓·巍(魏)爲次. 趙毋失其故法, 晉國歸焉.」

吳王曰:「其說可得聞乎?」

孫子曰:「可. 笵·中行是(氏)制田, 以八十步爲娩(畹), 以百六十步爲畛, 以伍稅之. 其□田陝(狹), 置士多, 伍稅之, 公家富. 公家富, 置士多, 主喬(驕)臣奢, 冀功數戰, 故曰先(亡). ……公家富, 置奢多, 主喬(驕)臣奢, 冀功數戰, 故爲笵·中行是(氏)次. 韓·巍(魏)制田, 以百步爲娩(畹), 以二百步爲畛, 而伍稅(之). 其□田陝(狹), 其置士多, 伍稅之, 公家富. 公家富, 置士多, 主喬(驕)臣奢, 冀功數戰, 故爲智是(氏)次. 趙是(氏)制田, 以百廿步爲娩(畹), 以二百四十步爲畛, 公无稅焉. 公家貧, 其置士少, 主僉(斂)臣收, 以御富民, 故曰固國. 晉國歸焉.」

吳王曰:「善. 王者之道, □□厚愛其民者也.」

二百八十四.

2. 사변편四變篇

원 한간에는 제목이 없다. 죽간을 정리한 자가 "군령유반차사변자君令有反此四變者"의 사변이 전체 주제에 맞는다고 여겨 이름을 부여한 것이다. 이는 〈구변편九變篇〉의 첫 장을 자세히 설명한 것으로 군명君命을 어길 수밖에 없는 경우 등을 자세히 밝히고 있다.

……(徐(途)有所不由, 軍由所不擊), 城有所不攻, 地有所不爭, 君令有(所不行).

徐(途)之所不由者, 曰: 淺入則前事不信, 深入則後利不桵(接). 動則不利, 立則囚. 如此者, 弗由也.

軍之所不擊者, 曰: 兩軍交合而舍, 計吾力足以破其軍, 獾其將. 遠計之,
有奇埶(勢)巧權於它, 而軍……□將. 如此者, 軍唯(雖)可擊, 弗擊也.

城之所不攻者, 曰: 計吾力足以拔之, 拔之而不及利於前, 得之而後弗能守.
若力(不)足, 城必不取. 及於前, 利得而城自降, 利不得而不爲害於後.
若此者, 城唯(雖)可攻, 弗攻也.

地之所不爭者, 曰: 山谷水□無能生者, □□□而□……虛. 如此者,
弗爭也.

君令有所不行者, 君令有反此四變者, 則弗行也. □□□□□□□□□
行也. 事……變者, 則智(知)用兵矣.

3. 황제벌적제黃帝伐赤帝

이 편은 항군편의 "황제소이승사제야黃帝所以勝四帝也"의 구절과 깊은
관련이 있으며 이의 구체적인 해설이다.

孫子曰:「(黃帝南伐)赤帝, (至於□□, 戰於反山之原, 右陰, 順術,
倍(背)衝, 大滅有之. □年休民, 埶(熟)穀, 赦罪.

東伐□帝, 至於襄平, 戰於平□, 右陰, 順術, 倍(背)衝, 大滅有至. □年
休民. 埶(熟)穀, 赦罪.

北伐黑帝, 至於武隧, 戰於□□, 右陰, 順術, 倍衝, 大滅有至. □年休民,
埶穀, 赦罪.

西伐白帝, 至於武剛, 戰於□□, 右陰, 順術, 倍衝, 大滅有至.

已勝四帝, 大有天下. 暴者……以利天下, 天下四面歸之.

湯之伐桀也, 至於□□, 戰於薄田, 右陰, 順術, 倍衝, 大滅有至. 武王伐紂,
至於鼓遂, 戰牧之野, 右陰, 順術, 倍衝, 大滅有之. 一帝二王皆得天之道·
□之□·民之請(情), 故……

4. 지형地刑(地形)편篇 二

　이는 한간에 〈□형이□刑二〉로 되어 있다. 그리고 원래의 〈지형편地形篇〉은 〈지형일地刑一〉로 되어 있어 〈지형편〉이 둘이었음을 알 수 있다. 그러나 〈지형일地形一〉은 당시 발견된 한간에 원문이 없어 이것이 그 원문이 아닌가 한다. 내용은 실제로 〈구지편九地篇〉과 〈지형편地形篇〉, 그리고 〈항군편行軍篇〉의 것들이 뒤섞여 있다.

　凡地刑(形)東方爲左, 西方爲(右)…….
　……首, 地平用左, 軍……
　……地也. 交□水□……
　……者, 死地也. 産草者……
　……地剛者, 毋□□□也□……
　……天離·天井·天宛□……
　……是胃(謂)重利. 前之, 是胃(謂)猒守. 右之, 是胃(胃)天固. 左之, 是胃(謂)……
　……所居高曰建堂, □曰□……
　……□遂, 左水曰利, 右水曰積……
　……□五月度□地, 七月□……
　……三軍出陳(陣), 不問朝夕, 右負丘陵, 左前水澤, 順者……
　……九地之法, 人請(情)之里(理), 不可不□……

5. 견오왕편見吳王篇

　원래의 한간漢簡에는 제목이 없다. 이는 《사기史記》 손자오기열전孫子吳起列傳의 내용과 실제로 비슷하며 그 중 손자가 거론한 병법과 정치는 사기보다 오히려 구체적이다. 특히 여기서 두 번이나 「십삼편十三扁(篇)」이라 한 것으로 보아 《사기》에서 말한 '십삼편十三篇'은 《손자》 원래의 편수를 말하는 것임을 알 수 있다.

……□於孫子之館, 曰:「不穀好□□□□□□□□□□兵者與(歟)?」

孫…:「……乎?」

「不穀之好兵□□□□之□□□也, 適之好之也.」

孫子曰:「兵, 利也, 非好也. 兵, □也, 非戲也. 君王以好與戲問之, 外臣不敢對.」

盍(闔)廬曰:「不穀未聞道也, 不敢趣之利與……□.

孫子曰:「唯君王之所欲, 以貴者可也, 賤者可也, 婦人可也. 試男於右, 試女於左, □□□□……曰:「不穀願以婦人.」

孫子曰:「婦人多所不忍, 臣請代……畏, 有何悔乎?」

孫子曰:「然則請得宮□□……之國左後壐圉之中, 以爲二陳(陣)□□……□曰:「陳(陣)未成, 不足見也. 及已成……□□不辭其難.」

君曰:「若(諾).」

孫子以其御爲……參乘爲輿司空, 告其御・參乘曰:「□□……□婦人而告之曰:「知女(汝)右手?」

……之.」

「知女(汝)心?」

曰:「知之.」

「知女(汝)北(背)?」

曰:「知之.」

……左手. 胃(謂)女(汝)前, 從女(汝)心. 胃(謂)女(汝)……□不從令者也. 七周而澤(釋)之, 鼓而前之……. (三告而)五申之, 鼓而前之, 婦人亂而□□金而左之, 有(又)三告而五申之, 鼓而前之, 婦人亂而笑. 三告而五申之者三矣, 而令有不行. 孫子乃召其司馬與輿司空而告之曰:「兵法曰:弗令弗聞, 軍將之罪也; 已令已申, 卒長之罪也. 兵法曰: 賞善始賤, 罰……□請謝之.」

孫子曰:「君□……引而員(圓)之, 員(圓)中規; 引而方之, 方中巨(矩).…….」

盍(闔)廬六日不自□□□□□……□□□□孫子再拜而起曰:「道得矣.……□□□長遠近習此教也, 以爲恒命. 此素教也, 將之道也. 民……□莫貴於威．威行於衆，嚴行於吏，三軍信其將畏（威）者，乘其適（敵）．」
　　千□十五．

　　……而用之，□□□得矣，若□十三扁（篇）所…….　……（十）三扁（篇）所
明道言功也，誠將聞□…….　……（孫）子曰：「古（姑）試之，得而用之，無不
□…….　……□而試之□得□…….　……□之．孫子曰：「外內貴賤得矣．」
孫…….　……（孫）子曰：「唯…….　……□也，君王居臺上而侍（待）之，臣…….
……□至日中請令…….　……人主也．若夫發令而從，不聽者誅□□…….
……□也．請合之於□□□之於…….　……陳（陣）已成矣，教□□聽…….
……□不穀請學之．」爲終食而□…….　……將軍□不穀不敢不□…….　……
者□□也．孫子…….　……孫子曰：「□…….　……孫子…….　……□□孫子□
□…….　……盍（闔）廬…….　……盍（闔）廬…….

임동석(茁浦 林東錫)

慶北 榮州 上茁에서 출생. 忠北 丹陽 德尙골에서 성장. 丹陽初中 졸업. 京東高 서울敎大 國際大 建國大 대학원 졸업. 雨田 辛鎬烈 선생에게 漢學 배움. 臺灣 國立臺灣師範大學 國文硏究所(大學院) 博士班 졸업. 中華民國 國家文學博士(1983). 建國大學校 敎授. 文科大學長 역임. 成均館大 延世大 高麗大 外國語大 서울대 등 大學院 강의. 韓國中國言語學會 中國語文學硏究會 韓國中語中文學會 會長 역임. 저서에 《朝鮮譯學考》(中文) 《中國學術槪論》 《中韓對比語文論》. 편역서에 《수레를 밀기 위해 내린 사람들》 《栗谷先生詩文選》. 역서에 《漢語音韻學講義》 《廣開土王碑硏究》 《東北民族源流》 《龍鳳文化源流》 《論語心得》 〈漢語雙聲疊韻硏究〉 등 학술 논문 50여 편.

임동석중국사상100

손자孫子

孫武 撰 / 林東錫 譯註

1판 1쇄 발행/2009년 12월 12일

2쇄 발행/2013년 10월 1일

발행인 고정일

발행처 동서문화사

창업 1956. 12. 12. 등록 16-3799

서울강남구신사동563-10 ☎546-0331~6 (FAX)545-0331

www.dongsuhbook.com

잘못 만들어진 책은 바꾸어 드립니다.

*

사업자등록번호 211-87-75330

ISBN 978-89-497-0606-1 04080

ISBN 978-89-497-0542-2 (세트)